SINGER

BIBLIOTECA DE COSTURA MR

Acolchado a máquina

LIMUSA
GRUPO NORIEGA EDITORES
México • España • Venezuela • Argentina
Colombia • Puerto Rico

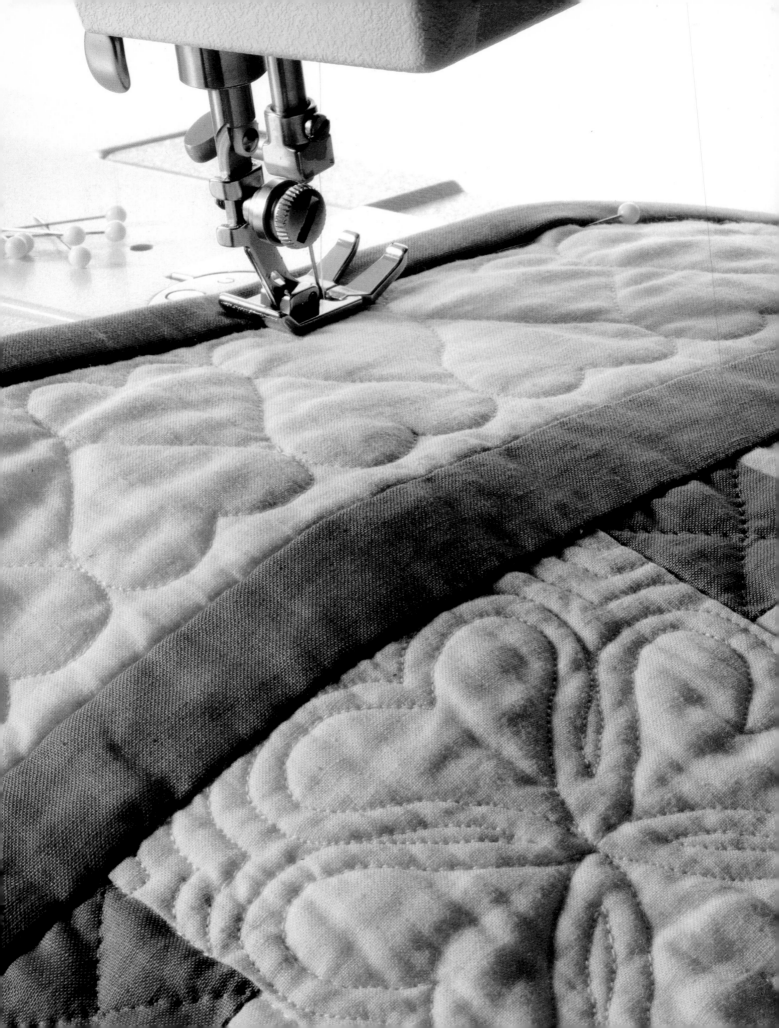

SINGER

BIBLIOTECA DE COSTURA MR

Acolchado a máquina

CONTENIDO

Versión autorizada en español de la obra publicada
en inglés por Cy DeCosse Incorporated con el título de
QUILTING BY MACHINE
© 1990 Cy DeCosse Incorporated (English version). All rights reserved.
© 1992 Cy DeCosse Incorporated (versión española). Derechos reservados.
ISBN 0-86573-280-9 (pasta dura, versión en español para EE.UU.)
Distributed in the U.S. and Canada by Cy DeCosse Incorporated.
5900 Green Oak Drive, Minnetonka, MN 55343, U.S.A.

CY DECOSSE INCORPORATED
Director: Cy DeCosse
Presidente: James B. Maus
Vicepresidente ejecutivo: William B. Jones

QUILTING BY MACHINE
Extending the Life of your Clothes
Elaboración: Departamento Editorial de
Cy DeCosse Incorporated, en colaboración con el
Singer Education Department. Singer es marca
registrada de la Compañía Singer y se está usando
con su autorización.

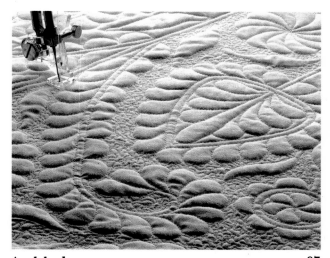

Versión en español:
HERENIA ANTILLÓN
ALMAZÁN

La presentación y disposición en conjunto de

ACOLCHADO A MÁQUINA

son propiedad del editor. Ninguna parte de esta
obra puede ser reproducida o transmitida, mediante
ningún sistema o método, electrónico o mecánico
(INCLUYENDO EL FOTOCOPIADO, la grabación
o cualquier sistema de recuperación y almacenamiento
de información), sin consentimiento por escrito
del editor.

Derechos reservados:

© 1992, EDITORIAL LIMUSA, S.A. de C.V.
GRUPO NORIEGA EDITORES
Balderas 95, C.P. 06040, México, D.F.
Teléfono 521-50-98
Fax 512-29-03

Miembro de la Cámara Nacional de la Industria
Editorial Mexicana. Registro número 121

Primera edición: 1992
(9266)

ISBN 968-18-4316-9
ISBN 968-18-4321-5 (serie completa)

Esta obra se terminó de imprimir en agosto de 1992
en los talleres de R.R. Donnelley & Sons Company
Book Group 1145 Conwell Avenue Willard, Ohio,
USA 44888-0002

La edición consta de 20,000 ejemplares más
sobrantes para reposición

Introducción al acolchado

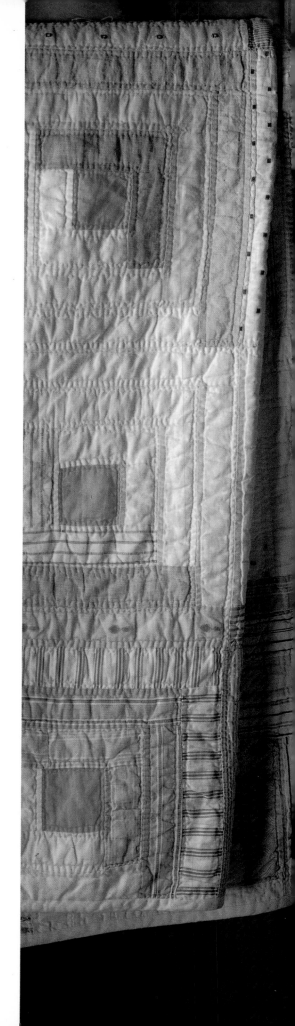

Un acolchado es un cubrecama que proporciona calor, aunque también es algo más. Un acolchado trae recuerdos y expresa sueños. Puede ser una prenda memorable, un logro o el testimonio de una experiencia compartida. Diseñar y hacer un acolchado es una actividad creativa.

Una breve historia

El acolchado a máquina se inició entre 1850 y 1860, cuando empezó la producción industrial de máquinas de coser. Se calcula que del 50 al 75% de los acolchados hechos entre 1860 y 1940 se cosieron a máquina. Los acolchados completamente blancos eran populares porque su superficie lisa permitía que las dueñas de máquinas de coser exhibieran las posibilidades de sus nuevas máquinas. A mediados del siglo XX disminuyó la popularidad del acolchado, pero en la década de 1970, principalmente como consecuencia del Bicentenario de los Estados Unidos, renació la afición por acolchar. La Primera Muestra Nacional de Acolchados tuvo lugar en Estados Unidos en 1979 y permitió a las aficionadas la oportunidad de exhibir y compartir sus últimos diseños y técnicas. Los métodos para cortar y formar las piezas rápidamente despertaron el interés por dedicarse al acolchado. El acolchado a máquina había sido redescubierto, e hizo posible que quienes lo hacen avanzaran más en menos tiempo.

Cómo usar este libro

Acolchado a máquina puede utilizarse como guía de aprendizaje si va a confeccionar su primer acolchado, o como material de consulta si tiene experiencia en el acolchado. Las técnicas de corte, aplicación y acolchado que se incluyen en esta obra son métodos rápidos para trabajar a máquina. Cuando se proporciona más de una técnica, la primera es la más fácil.

En la primera sección se proporcionan muchas ideas para diseñar los cuadros y el derecho del acolchado, también se muestra la forma de hacer sus propios diseños. Asimismo se proporciona información sobre la sección de color. La sección Cómo empezar le ayuda a calcular las medidas y seleccionar las telas y relleno para el acolchado. Además contiene información sobre los accesorios y equipos adecuados y sobre la disposición del área de trabajo. La sección acerca de El derecho de los acolchados le indica las técnicas rápidas para cortar y formar los cuadrados o aplicaciones, así como para coser las franjas y cenefas.

La última sección del libro le proporciona información sobre cómo marcar, armar e hilvanar el acolchado. Usted puede aprender tres diferentes técnicas de acolchado y dos métodos para ribetear un acolchado. También se incluye información sobre el cuidado, almacenamiento y exhibición de acolchados.

Existe una gran variedad de diseños tradicionales para acolchados y algunos tienen más de un nombre. No todos los diseños están incluidos en esta obra, pero con la información acerca del trazado de los motivos, le será posible copiar cientos de acolchados o crear sus propios diseños.

Vocabulario sobre acolchado

Acolchado. Cubrecama o tapiz para colgar en la pared que se hace cosiendo juntas la tela para el derecho, el relleno y la tela para el revés.

Acolchado capitoneado. Acolchado en el que las capas de tela y el relleno se fijan con listón o estambre en lugar de hacerle costuras para capitonearlo.

Acolchado con movimiento libre. Ver acolchado guiado a mano.

Acolchado de medallón. Acolchado con un motivo central por el derecho, generalmente rodeado de múltiples cenefas.

Acolchado de muestrario. Acolchado formado de retacería con muchos bloques diferentes, en lugar de tener un solo motivo repetido en todos los bloques.

Acolchado guiado a mano. Guiar el acolchado con las manos mientras la máquina cose, en vez de impulsar la tela con el impelente y el prensatelas. Se llama también acolchado con movimiento libre.

Acolchado guiado a máquina. Guiar el acolchado mientras la máquina lo cose, aprovechando la presión del impelente y del prensatelas.

Acolchar. Coser a través de una tela principal, una capa de relleno y una tela para el revés, creando un diseño con la costura que le añade textura a la labor, además de sujetar las diferentes capas.

Acomodo. Manera como se colocan los diferentes bloques en un acolchado. Se pueden disponer en hileras rectas o diagonales.

Al bies. La diagonal de un lienzo de tela. El verdadero bies queda a un ángulo de 45° tanto del hilo longitudinal como del transversal de la tela. La tela de tejido de punto estira más en esta dirección.

Aplicaciones. Una tela cortada que se cose sobre otro lienzo de tela.

Bloque. Unidad cuadrada, generalmente formada por piezas de tela unidas con costuras y que forman un diseño. Los bloques se combinan para formar el derecho de un acolchado.

Cenefas. Tiras de tela que forman un marco alrededor del derecho del acolchado. Las cenefas pueden ser de una sola o de varias piezas.

Costuras en cadena. Técnica de costura en la que se unen varias piezas de tela sin romper los hilos entre una y otra. También se le llama encadenar.

Cuarto de yarda completo. Media yarda (0.50 m) de tela, cortada por la unidad a modo que mida 46 × 56 cm (18" × 22"). Es el equivalente a casi 0.25 m (¼" yd) de tela.

Enrejado. Ver franjas y tiras.

Franjas. Tiras añadidas formadas con una sola pieza o de varias, que dividen y enmarcan los bloques en un acolchado. También se llama enrejado.

Frisa. El grosor y elasticidad del material de relleno.

Inglete. Manera de unir las esquinas en un ángulo de 45°.

Materiales libres de ácido. Los productos de papel, incluyendo el papel de china, los tubos de cartón y las cajas, están hechos específicamente para el almacenamiento de telas. No contienen los productos químicos que normalmente se encuentran en los productos de papel y madera que con el tiempo pueden debilitar y destruir la tela.

Ribeteado. Tira de tela que se utiliza para cubrir las orillas de las tres capas de un acolchado.

Relleno. Capa central del acolchado, que proporciona grosor y calor.

Retacería. Técnica en la que se cortan y se unen con costuras diferentes retazos de tela para obtener una unidad mayor.

Retacería por tiras. Diseños a base de retacitos que se hacen de tiras largas de tela, las cuales se hilvanan juntas, después se cortan transversalmente y se unen los retazos para formar el diseño.

Revés. La tela que se utiliza para la capa inferior del acolchado.

Plantilla. Patrón hecho de plástico o cartón que se utiliza para trazar las líneas de corte o de costura sobre la tela.

Sin plantilla. Método para cortar las piezas utilizando una regla en lugar de una plantilla para guiarse.

Cómo se forma un acolchado

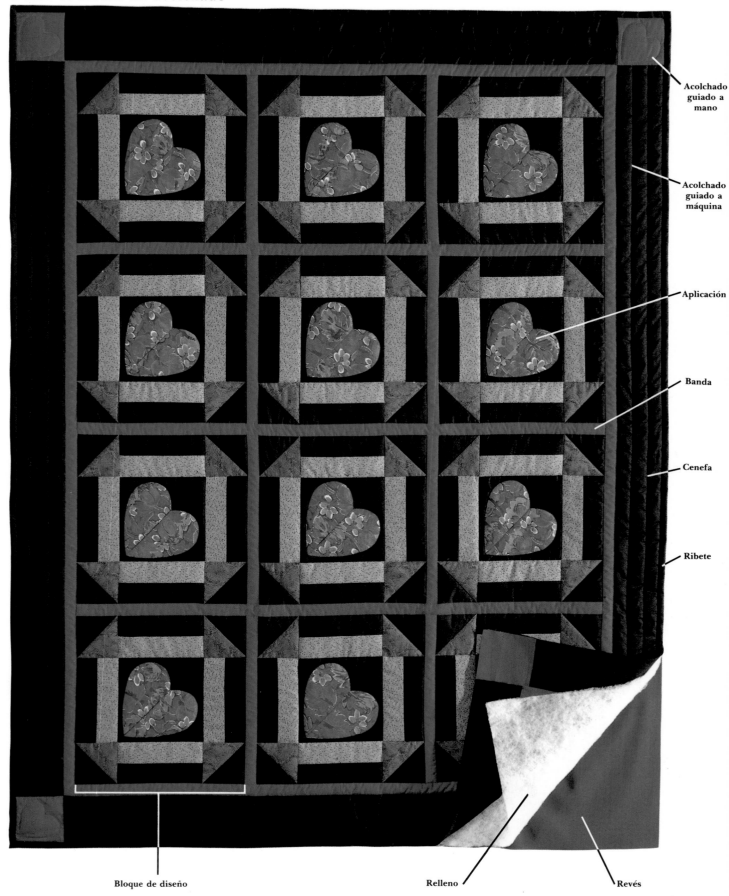

Acolchado guiado a mano

Acolchado guiado a máquina

Aplicación

Banda

Cenefa

Ribete

Bloque de diseño

Relleno

Revés

9

Cómo seleccionar un proyecto de acolchado

Empiece con labores pequeñas y sencillas. Antes de hacer un acolchado de tamaño completo, conviene coser labores más pequeñas que se pueden acabar rápidamente, tales como un almohadón, una carpeta de mesa o un acolchado para muñecas. Antes de tomar una decisión, hojee todo el libro para ver distintos trabajos.

Tal vez quiera experimentar con diversas técnicas para unir las piezas y emplear una diferente para cada labor. Tal vez prefiera hacer un acolchado de muestrario, empleando un diseño diferente para cada cuadro. También es posible seleccionar un diseño en bloque para todo el acolchado, cambiando el color y la tela.

Una vez que haya decidido qué va a hacer, necesitará tomar otras decisiones

Almohadones

Cubierta para mesa

Colchoneta para muñecas

como el diseño y color, si desea que tenga franjas o cenefas y el tipo de ribete que le agrade. No es necesario tomar todas estas decisiones antes de iniciar el proyecto, aunque conviene tener en mente una idea general.

Seleccione motivos que no requieran plantillas. Éstos le permiten cortar muchas piezas de una sola vez y con frecuencia se pueden utilizar técnicas rápidas de unión. Los diseños que requieren plantillas se deben trazar uno por uno en la tela. Le lleva más tiempo cortarlos y por lo general, resultan más difíciles de unir. La mayoría de los modelos que se incluyen en este libro no requieren plantillas. Los diseños se presentan en orden, desde aquellos que se cosen fácilmente hasta los que presentan mayor dificultad.

Colchoneta para cuna

Tapiz

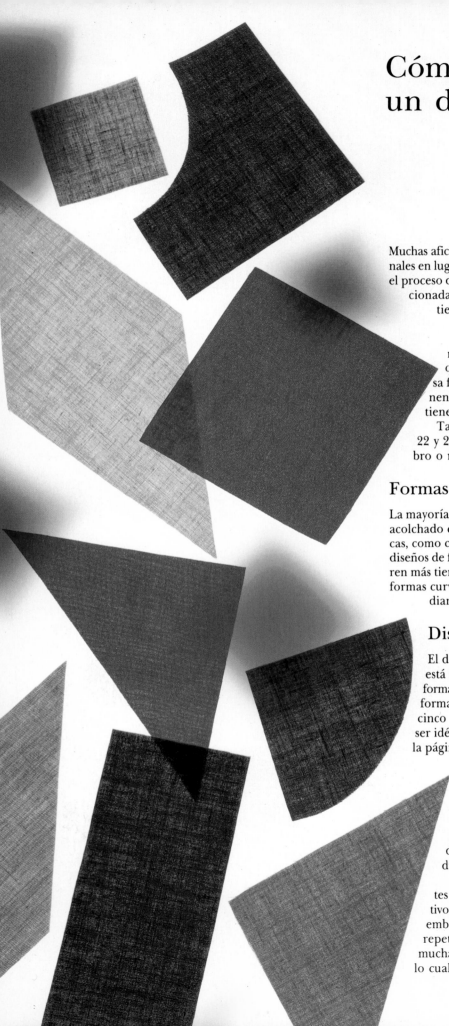

Cómo seleccionar
un diseño

Muchas aficionadas al acolchado emplean los diseños tradicionales en lugar de crear sus diseños personales. Esto simplifica el proceso de diseño. Analice los diseños que hacen otras aficionadas para darse una mejor idea de los efectos que tienen el color, la tela, el acomodo y las variaciones en la cenefa.

Tome su tiempo para escoger un diseño. Examine todos los acolchados o fotografías de éstos que pueda. Las tiendas especializadas son valiosa fuente de ideas para el diseño. Por lo general tienen un amplio surtido de libros y revistas, y además, tienen acolchados en exhibición.

Tal vez prefiera crear sus propios diseños (páginas 22 y 23), en lugar de seguir las instrucciones de un libro o revista.

Formas

La mayoría de los diseños con retacería para los bloques del acolchado están formados por una o más figuras geométricas, como cuadrados, rectángulos, triángulos y rombos. Los diseños de formas curvas son menos comunes, ya que requieren más tiempo y mayor habilidad para confeccionarlos. Las formas curvas más difíciles, generalmente se resuelven mediante aplicaciones.

Diseños en bloque

El diseño más común para el derecho del acolchado está formado de bloques. Un bloque es un cuadrado formado de retazos unidos. El número de cuadrados que forman un bloque puede ser de cuatro, nueve, veinticinco o más. Las piezas que forman el bloque pueden ser idénticas, como en Esquina de paciencia (diseño en la página opuesta), formado por nueve cuadros de tela.

Pueden ser diferentes, como en Estrella de Ohio (diseño en la página 17), con triángulos y cuadrados formando un bloque, como el Batidor de mantequilla (diseño en la página 17), formado de cuadrados, rectángulos y triángulos. Algunos diseños en bloque, como el de Cabaña de leños (página opuesta), no se dividen en cuadrados más pequeños.

Las posibles combinaciones para formar diferentes motivos son infinitas. Es posible coser varios motivos juntos para crear un acolchado de muestrario. Sin embargo, la mayoría de los acolchados emplean la repetición de motivos. Éstos pueden distribuirse de muchas maneras, llamadas acomodos (páginas 19 y 20), lo cual cambia el diseño general del acolchado.

Bloques con cuadrados

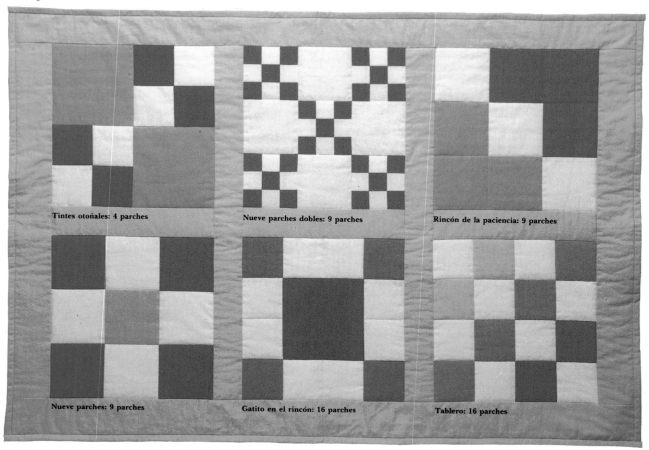

Tintes otoñales: 4 parches

Nueve parches dobles: 9 parches

Rincón de la paciencia: 9 parches

Nueve parches: 9 parches

Gatito en el rincón: 16 parches

Tablero: 16 parches

Bloques con rectángulos

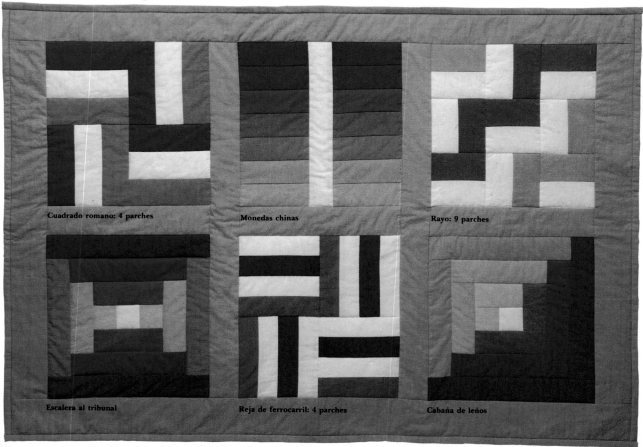

Cuadrado romano: 4 parches

Monedas chinas

Rayo: 9 parches

Escalera al tribunal

Reja de ferrocarril: 4 parches

Cabaña de leños

Bloques con triángulos

Rompecabezas yanqui: 4 parches

Juego de cartas: 9 parches

Anís en el aire: 9 parches

Rompecabezas del holandés: 16 parches

Ganso: 16 parches

Dama del lago: 25 parches

Bloques con curvas

Gajos Lafayette: 4 parches

Rueda de la fortuna: 4 parches

Quito aquí, pongo allá: 16 parches

Corona de reina: 16 parches

Maravilla del mundo: 16 parches

Enredadera de la amistad: 25 parches

Bloques que combinan diversas formas

Esperanza: 4 parches

Batidor de mantequilla: 9 parches

Piedra rodante; 9 parches

Estrella de Ohio: 9 parches

Cajas rompecabezas: 9 parches

Hoja de maple: 9 parches

Rehilete: 16 parches

Estrella de la noche: 16 parches

Camino a Oklahoma: 16 parches

Elección de la abuela: 25 parches

Pastelero: 25 parches

Corona de espinas: 25 parches

Acolchados diseñados sin bloques

Los motivos en bloques son los más comunes, pero existen muchos que no se pueden descomponer en bloques. Los acolchados de un solo parche se forman con piezas, todas del mismo tamaño y forma. Cualquier forma se puede utilizar para esta clase de acolchado. Los acolchados de me-

dallón tienen un motivo central que se puede formar de retacería, aplicaciones o mediante costuras de acolchado. El motivo se rodea después por cenefas múltiples. Muchos de estos diseños requieren el uso de plantillas, así como instrucciones específicas para unir los retacitos.

Ojo de Dios multicolor es un diseño para acolchado grande formado de cuadritos pequeños.

Mil pirámides es un diseño para acolchado grande formado de triángulos.

Rueda de carpintero es un acolchado de medallón con un motivo central rodeado de otro más grande.

Estrella de Texas es un acolchado de medallón con un sólo motivo central formado por rombos pequeños.

Acomodar los cuadros lado con lado es común. Los bloques se cosen en hileras. Esto hace que los motivos se unifiquen formando un dibujo en conjunto.

Acomodo de los bloques para acolchado

Los bloques pueden acomodarse de diferentes maneras, que se llaman disposición o acomodo. Al cambiar la disposición, el mismo diseño tiene otro aspecto. Cuando se colocan lado a lado, las líneas del diseño, tales como cuadrados y diagonales, resaltan más. Al colocar franjas añadidas entre los bloques o alternar bloques lisos con retazos añadidos, se obtienen aspectos completamente diferentes. Los bloques pueden colocarse de punta, y con o sin franjas. Al diseñar un acolchado, es necesario ver diferentes acomodos para determinar cuál es más agradable, y esto se logra con muchas copias del diseño o con los diseños en la tela.

El acomodo en diagonal, lado con lado se forma con bloques cosidos juntos en hileras diagonales de modo que los cuadros queden de punta. Con frecuencia los diseños crean una impresión de movimiento o parecen aumentar curvas a un diseño en parchecitos.

(Continúa en la página siguiente)

Acomodo de los cuadrados acolchados (continuación)

Cuando los bloques de retazos se alternan en línea recta con bloques lisos, se disminuye la cantidad de bloques con retazos y además, hay más espacio para trabajar el acolchado a mano.

El acomodo diagonal con bloques alternos es igual a alternarlos en línea recta, excepto que los bloques se colocan de punta.

Los acomodos con franjas rectas tienen tiras de tela entre uno y otro cuadro. Esto define los bloques individuales y les da un marco que unifica los diferentes cuadros.

Los acomodos con franjas diagonales son iguales a los anteriores excepto porque los cuadros se giran sobre su vértice.

Cenefas para acolchado

Una cenefa es un marco de tela que rodea a un acolchado. El color que se seleccione para la cenefa destaca algún motivo del diseño y tela empleada en el acolchado. Se puede hacer una sola cenefa o cenefas múltiples de diferentes anchos. Las cenefas de retazos añaden interés y en ellas se puede repetir el diseño del acolchado o de la franja.

Cuatro cenefas para acolchados

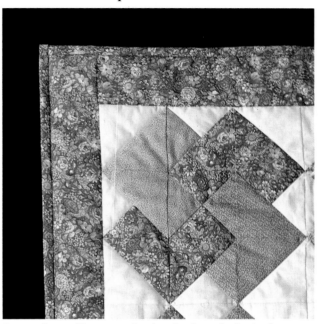

La cenefa sencilla es una tira de tela, de cualquier ancho, que se cose a las orillas del diseño formado de retazos.

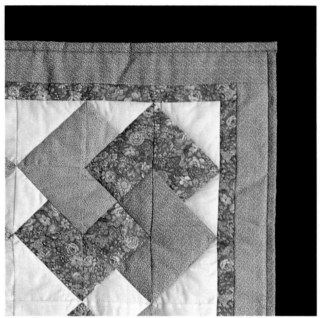

La cenefa múltiple se forma con dos o más orlas de ancho diferente.

La cenefa interrumpida en las esquinas por lo general tiene en las esquinas un cuadro liso o de retacería. Con frecuencia se forma un tablero (página 63).

La cenefa de retazos se forma de tiras de tela espaciadas al azar, o de tiras de retazos, como el motivo de gansos en vuelo (página 70 y 71).

Cómo diseñar un bloque para acolchado

Origine su propio diseño comenzando con formas básicas, como triángulos, cuadrados o rectángulos; también puede utilizar una combinación de formas. Sombree algunas de las formas que seleccione utilizando sólo negro, blanco y gris. De esta manera el diseño resalta y no se distrae la atención con los colores de las telas.

Saque después muchas fotocopias de estas formas básicas. Córtelas y acomódelas de varias maneras para formar un motivo. Después acomode varios motivos hasta que tenga una idea del aspecto general del diseño total de acolchado, de modo que pueda ver si se forman patrones diagonales o en zigzag. Si así lo desea, puede agregar franjas entre uno y otro motivo. Esto le ofrece un número ilimitado de posibilidades de diseño.

Cómo hacer un bloque para acolchado

1) Comience con un cuadro formado de triángulos rectos o cualesquiera otras formas. Sombree algunos dibujos y sáqueles fotocopias. Córtelos.

2) Acomode cuatro cuadros de diferentes maneras para formar bloques de cuatro parches; utilice cinta adhesiva para pegarlos en su lugar. Sáqueles fotocopias y córtelos.

3) Acomode cuatro bloques en diferentes arreglos para formar bloques de 16 cuadros; péguelos con cinta adhesiva. Sáqueles fotocopias y córtelos.

4) Siga probando arreglos diferentes hasta obtener un diseño que le guste o el tamaño deseado.

Cómo copiar un diseño de acolchado

Para copiar un diseño de acolchado, aísle un bloque, para ello tiene que encontrar el lugar en que se repite el diseño en cada dirección. Analice todo el acolchado para ver si todos los diseños son iguales ya que algunos acolchados tienen dos o más. Cuando un acolchado tenga más de uno, es necesario dibujar cada motivo por separado. Los acolchados con motivos en diagonal tienen también la mitad o cuarta parte de un motivo para completar la vista del acolchado.

Vea de cuántos cuadrados se forma cada diseño. Dibuje el diseño en una hoja blanca o en papel cuadriculado especial. Divida el bloque en cuadrados y luego en las formas más pequeñas. Es más fácil copiar bloques formados de cuadrados, rectángulos o triángulos. La mayoría de los rombos y formas curvas requieren plantillas.

Cómo identificar un bloque de diseño

Los ejemplos de diseños de acolchados incluyen los formados de dos o más cuadros (izquierda), los de un solo cuadro colocado en diagonal y separado por franjas (centro) o los de un solo cua-dro con este motivo uno al lado de otro (derecha). Cada cuadro está formado de cuadrados, rectángulos, triángulos o una combinación de formas. Copie cada diseño diferente, página opuesta.

Cómo trazar un bloque para acolchado

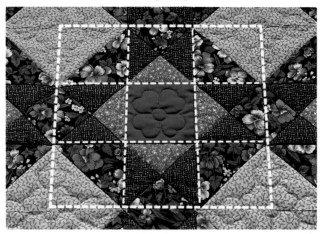

1) Visualice una rejilla de cuadrados iguales que formen el cuadro acolchado. Éste puede dividirse en cuatro, nueve, dieciséis o más cuadrados iguales.

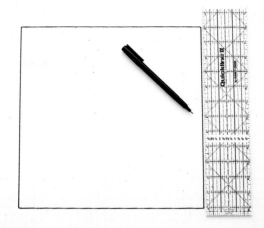

2) Determine el tamaño necesario del cuadro terminado, escogiendo una medida que se divida fácilmente, como 15, 23 ó 30.5 cm (6", 9" ó 12") si se trata de un cuadro de nueve pedazos. Puede ser de 20.5 ó 30.5 cm (8" ó 12") si se trata de un motivo con 16 pedazos. Trace en un papel un cuadrado del tamaño del cuadro deseado.

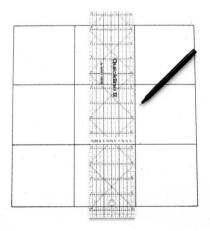

3) Divida cada lado del cuadrado en el número de cuadros deseado y trace la cuadrícula.

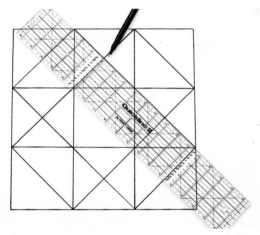

4) Determine las formas más pequeñas que formarán cada cuadrado del motivo mayor. Trace las líneas correspondientes, ya sean horizontales, verticales o diagonales.

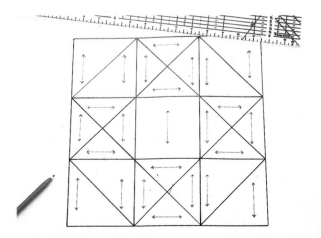

5) Marque la línea de la tela en cada pedacito, paralela a las orillas exteriores, para que le sirvan de referencia al cortar.

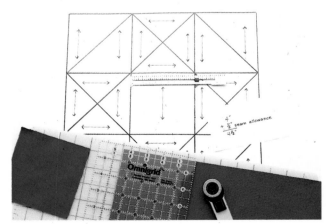

6) Mida el tamaño de cada pedacito ya terminado, corte las piezas aumentando pestañas para costuras (páginas 61 y 69).

Los acolchados conmemorativos representan un suceso histórico, tal como un centenario o la historia de un pueblo o estado.

Acolchados personales

Un acolchado se puede convertir de muy diferentes maneras, en algo más personal. Se puede diseñar alrededor de un tema de interés personal haciéndolo de tipo conmemorativo, de amistad, temática o con dedicatorias. El acolchado de recuerdo se hace para alguien en especial, y se utiliza tela de diversas prendas que esa persona haya usado desde su nacimiento hasta la edad adulta. También se puede personalizar un acolchado con sólo firmarlo y ponerle fecha.

La firma y fecha se pueden hacer cuando se tienen los parches del acolchado ya sea bordando o marcando a máquina el nombre y fecha en una esquina o durante el acolchado mismo, haciendo un acolchado libre. Se puede utilizar una etiqueta previamente impresa o hacer su propia etiqueta de tela ya sea con puntadas o con una pluma fina de tinta permanente. También se puede coser en el forro en una esquina del acolchado para asegurarlo a mano, o pegarlo completamente a mano.

Los acolchados de amistad tienen cuadros que cosen las amigas o miembros de la familia. Por lo general, se cosen para celebrar una ocasión especial como una boda, aniversario o el nacimiento de un bebé.

Los acolchados de un tema se diseñan alrededor de un tema o idea centrales, como el de campo, ilustrado arriba, con pinos, telarañas y somorgujos acolchados en los cuadros.

Los acolchados con firmas están formados por trozos acolchados escritos por diferentes personas, como miembros de una familia, un grupo religioso o comunidad.

Selección de colores

Un diseño tradicional puede parecer contemporáneo por la selección de color. La elección de diferentes colores transforma el diseño de tenue a atrevido, de tranquilizante a vibrante.

La colocación de colores sólidos o estampados cambia el aspecto de un diseño, destacando los bloques individuales, o las líneas verticales, diagonales u horizontales.

La selección de color depende únicamente de la preferencia personal, aunque, puesto que se puede escoger de entre tantos colores, tal vez sea difícil tomar una decisión. Siempre ayuda ver los acolchados ya hechos o fotografías de acolchados. Se puede escoger la combinación de color de cualquier diseño y utilizarlo para el motivo que se haya escogido. Por otro lado, puede ser muy útil visitar las tiendas especializadas en las que las expertas en acolchado le harán sugerencias.

Al seleccionar los colores, hay que buscar combinaciones de colores claros, medianos y oscuros. Los colores contrastantes o intensos ayudan a destacar ciertas partes de un diseño. Combine estampados de colores cercanos para crear un aspecto amalgamado. Cambie el tamaño de los estampados para aumentar el interés. Agréguele variedad a un acolchado utilizando diferentes estampados o cambiando los colores en cada motivo.

Al comprar las telas, encime las piezas que haya seleccionado; aléjese un poco de ellas y mírelas con los ojos entrecerrados. Esto le ayudará a ver qué colores destacan y cuáles son demasiado parecidos. También le permite ver el patrón general del color y si los estampados tienen dimensiones demasiado parecidas. Sustituya las piezas de tela hasta que el resultado sea satisfactorio. Si desea que el acolchonado armonice con su esquema general de decoración, lleve muestras de pintura, papel tapiz o de las telas de cortinas o tapizado cuando vaya a escoger las telas para el acolchado.

Dos maneras de comenzar

Las ideas para combinar colores puede obtenerlas de revistas y libros especializados o de acolchados en exhibición.

Seleccione una tela estampada y dos o tres telas lisas que tomen los mismos tonos del estampado para combinarlos en el acolchado.

Selección de color y acomodo

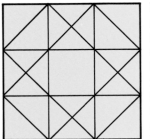

Un motivo de diseño cambia completamente de aspecto si selecciona colores diferentes o los coloca de otra manera. La variedad de combinaciones es interminable. Experimente cambiando el lugar de ciertos colores para obtener aspectos totalmente diferentes con el mismo diseño de acolchado. Saque varias fotocopias del diseño y, ya sea utilizando trocitos de tela o lápices de colores, encuentre el lugar óptimo para cada color.

Utilice recortes de tela para cortar los pedazos que formarán los cuadros y péguelos o fíjelos sobre un dibujo que tenga el diseño del acolchado.

Use un estuche de lápices de colores que le ofrezca muchos matices, experimente con diferentes combinaciones de colores.

Utilice los esquemas básicos de color para ayudarse en la selección de color, como por ejemplo tonalidades de un sólo color *a)*, colores semejantes o relacionados **b)**, opuestos o complementarios **c)** y colores múltiples **d)**.

Cambie de lugar los colores para obtener diferentes aspectos. Los colores similares se pueden utilizar en todos los cuadros para unificar el aspecto **a)**. Utilice un color diferente en cada cuadrado para que los cuadros separados destaquen **b)**. Al cambiar la colocación de los colores, el mismo diseño puede destacar las figuras de diamantes **c)** o las cuadradas **d)**.

Recomendaciones para la selección de color y estampados

Utilice colores contrastantes en cada motivo.

Utilice combinaciones de colores claros, medios y obscuros.

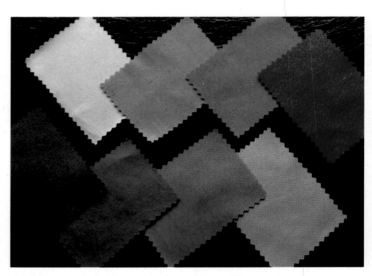

Seleccione combinaciones de colores compatibles, por lo general cálidos (arriba) o fríos (abajo).

Escoja piezas de la tela que le guste y, tras acomodarlas en una mesa, dé unos pasos hacia atrás y mire el conjunto con ojos entrecerrados.

Combine telas estampadas con dibujos grandes y pequeños.

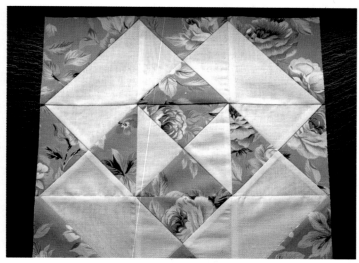

Combine telas estampadas con lisas.

Utilice diferentes estampados en colores similares para cada motivo.

Combine las telas de algodón con brillo o chintz con otros tipos de tela o calicó.

Compre 0.25 m (¹/₄ yd) de cada una de las telas que escoja y cosa unos bloques de prueba.

Cuando utilice muchas telas diferentes, distribuya los estampados y colores dominantes de manera adecuada.

Cómo determinar el tamaño de acolchado ya terminado

Lo primero que hay que saber para calcular la cantidad de tela que va a necesitar, es saber el tamaño del acolchado terminado. Si la va a hacer para una cama, el tamaño del acolchado terminado se determina bien por las medidas de la cama en sí o por la medida de la guata para relleno. Si va a hacer el acolchado para tapiz de un espacio determinado, mida el espacio con que cuenta.

Para saber el tamaño del acolchado por las dimensiones de la cama, mida la cama tendida con las sábanas, cobertores y almohadas que quedarán bajo el acolchado. Si utiliza guata gruesa, colóquela sobre la cama tendida para cerciorarse de que será suficientemente grande.

Mida el ancho de la cama de un costado al otro en la cabecera, sin incluir las almohadas. Mida después el largo de la cama desde la cabecera hasta los pies. Si va a meter el acolchado bajo las almohadas, haga lo mismo y en la misma medida con la cinta de medir. Por lo general, esto le aumenta de 25.5 a 51 cm (10" a 12") en el largo, dependiendo del tamaño y amplitud de las almohadas.

Para el largo de la caída, mida desde la parte superior de la cama hasta el largo deseado. Si va a hacer un cober-

tor, mida hasta justo abajo del colchón, aproximadamente de 23 a 30.5 cm (9" a 12") desde la parte superior de la cama. Para un cubrecama, mida justo hasta abajo del tambor, más o menos 46 cm (18") desde la parte superior de la cama. Cuando se trate de una colcha, mida hasta el piso, o sea alrededor de 52.3 cm (20½") desde la parte superior del colchón. Aumente el doble de la medida de la caída al ancho de la cama para tener ambos lados y una sola caída al largo para los pies de la cama.

Determine el tamaño del acolchado terminado guiándose por las dimensiones de la guata (página 47). La guata o relleno debe medir de 5 a 10 cm (2" a 4") más de cada lado que el cubrecama terminado. Por lo general, las guatas vienen al tamaño del cubrecama.

Adapte las medidas finales del cubrecama al grueso del relleno y la cantidad de acolchado que planea coser. Para la mayoría de cubrecamas de tamaño promedio con frisa baja o mediana, el relleno encoge de un 2 a 3 porciento por el acolchado. Si se trata de frisa alta, puede llegar a mermar de 5 a 6 por ciento.

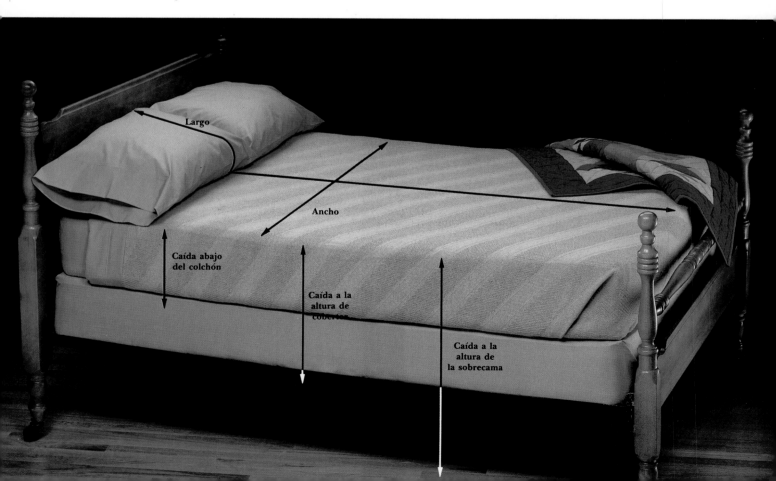

Cómo ajustar el tamaño del acolchado

Existen varias maneras de modificar un diseño para que se ajuste a las medidas específicas del acolchado. Se puede cambiar el tamaño de las franjas, cenefas o bloques. También puede cambiar el número de cenefas o bloques. Resulta más fácil modificar el ancho de las franjas y cenefas que las dimensiones de los bloques de retacería. La relación entre las franjas, cenefas y bloques debe guardar cierta proporción. Para ajustar el tamaño, en la mayoría de acolchados se emplea una combinación de métodos.

Cuatro maneras de ajustar el tamaño del acolchado

Aumente o disminuya el ancho de las bandas insertadas o las cenefas.

Aumente o disminuya el número de cenefas.

Aumente o disminuya el número de motivos en las hileras longitudinales o transversales.

Aumente o disminuya el tamaño de los motivos y dibuje el diseño de los cuadros como en las páginas 24 y 25).

Cálculo de las medidas

Determine las medidas para un acolchado ya sea calculándolo exactamente o haciendo un cálculo aproximado. Si lo calcula de esta manera, tendrá que comprar material adicional para asegurarse de que tiene lo suficiente para completar todo el diseño.

Para calcular las medidas, si se trata de un acolchado para cama matrimonial hecho con retacería, necesitará un total de 9.15 a 11 m (10 a 12 yardas) de tela. Divida esta cantidad proporcionalmente entre el número de diferentes telas que necesita para el diseño.

Para calcular las medidas exactamente, trace el contorno en papel cuadriculado para gráficas, e indique las diferentes telas y formas ya sea coloreando o sombreando. Señale las medidas y la escala que emplea con toda claridad en su dibujo. Calcule las medidas por separado para cada tela, comenzando con las piezas mayores y las más largas. Conforme hace estos cálculos, trace el patrón de corte para cada tela. Al trabajar empezando por las piezas mayores hacia las menores, se asegura de aprovechar la tela de la mejor manera, en especial si corta las cenefas a lo largo. Deje cierto margen para lo que pueda encoger y no incluya los orillos al calcular las medidas. Si va a encoger previamente la tela, calcule que tendrá un ancho utilizable de 102 cm (40") al acomodar las piezas cuando emplee telas de 115 cm (45").

Cómo calcular las medidas para las franjas

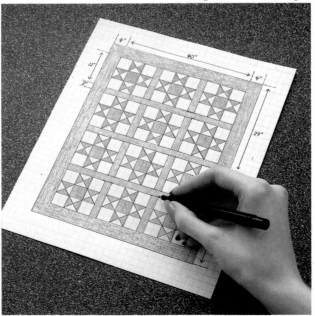

1) Utilice el dibujo del derecho del acolchado, marcado con medidas de los cuadros, cenefas y franjas intercaladas y trace en él las costuras de las franjas.

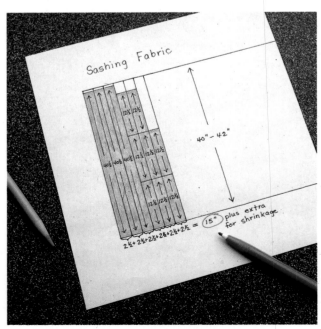

2) Trace el plan de acomodo para cortar las franjas intercaladas, señalando el ancho aprovechable de la tela. Dibuje las tiras, incluyendo las pestañas para costura a lo largo o ancho de la tela, según lo desee, señalando las medidas. Sume las medidas anotándolas en el papel para determinar las cantidades necesarias.

Ribeteado

Para determinar las medidas necesarias para un ribete de 1.3 cm (½"), mida las orillas exteriores del acolchado y sume estas medidas. Divida este número entre 102 cm (40"), o sea el ancho aprovechable de la tela y multiplíquelo por 7.3 cm (3"), o sea el ancho del ribete cortado.

Franjas

Al trazar el acolchado y dibujar el plan de acomodo para cortar las franjas, tenga presente que las tiras cortas se intercalan entre los bloques de diseño en cada hilera. Si corta las franjas por el hilo transversal de la tela, generalmente obtiene tres tiras cortas de cada ancho de tela.

Las tiras largas se intercalan entre las hileras de bloques unidos. Si las corta al hilo transversal de la tela, normalmente tendrá que añadirlas. La colocación de las costuras se planea para que éstas queden al centro de cada franja.

Cenefas

Las cenefas casi siempre son las piezas más grandes del acolchado. Se pueden cortar de un solo largo de tela o pueden hacerse de retazos. Para todos los acolchados, excepto para los pequeños, las cenefas continuas se cortan al hilo longitudinal de la tela. Por lo general requieren más tela que las que se hacen de retazos.

Al hacer cenefas de retazos, trate de que las costuras queden en ciertos lugares, o déjelas al azar alrededor de las orillas, pero teniendo en cuenta de que no deben quedar a menos de 30.5 cm (12") de una esquina. Las costuras pueden ser rectas o al sesgo sobre el ancho de la tela.

Bloques de diseño

Los bloques de diseño están formados por las piezas más pequeñas de tela que lleva el acolchado. Calcule las medidas separadamente para cada tela. Si los bloques se cortan de la misma tela que las franjas, cenefas o ribetes, las medidas para los motivos deben calcularse al final, ya que la tela que sobre puede no dar el ancho requerido.

Cómo calcular las medidas para las cenefas

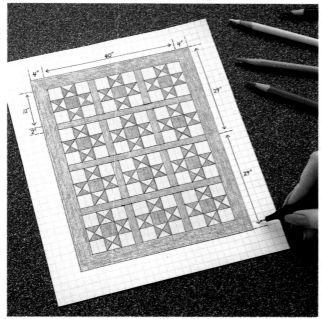

1) Utilice un dibujo del acolchado, señalando las medidas de bloques, cenefas y franjas para planear la colocación de las costuras laterales, si lo desea y trace las costuras en el diseño.

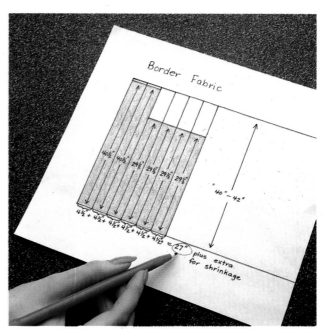

2) Trace el plan de acomodo para cortar las cenefas, señalando el ancho aprovechable de la tela. Dibuje las tiras para las cenefas, incluyendo las pestañas de costura ya sea al hilo vertical u horizontal de la tela, según desee, anotando las medidas. Sume las medidas anotándolas en el papel para determinar las cantidades necesarias.

Cómo calcular las medidas para los bloques del acolchado

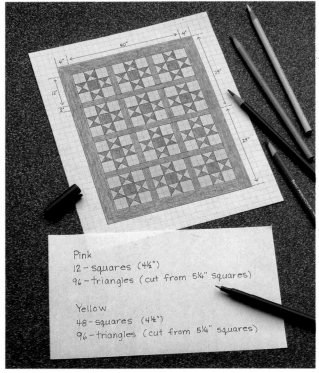

1) Determine el número de formas de cada color de tela que necesita. Consulte las instrucciones de corte para calcular las pestañas de costura y la manera como cortará las diferentes formas de las tiras de tela (página 61, 69 y 75).

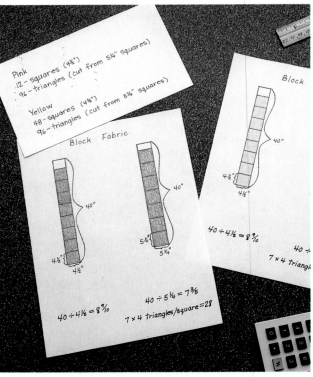

2) Determine cuántas piezas puede cortar de una tira transversal aprovechando alrededor de 102 cm (40") en la mayoría de las telas, o el ancho restante si cortó franjas, cenefas o ribetes de la misma tela.

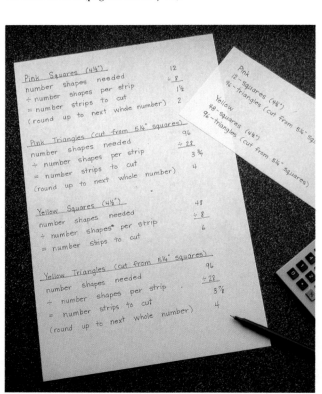

3) Divida el número de piezas que necesita entre el número que puede cortar de una tira de tela, aproximado al número entero más cercano. Esto le da el número de tiras que debe cortar.

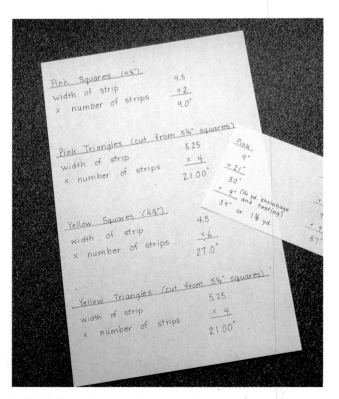

4) Multiplique el número de tiras por el ancho de cada tira para saber las medidas que necesita. Aumente de 0.25 a 0.5 m (¼ de yarda a ½ yarda) para probar el diseño y lo que pueda encoger la tela.

Tela para el revés

Las medidas para la tela del revés se basan en las medidas para el derecho del acolchado y de las costuras que el mismo revés lleve. Las telas del revés deben dejar un sobrante de 5 a 10 cm (2" a 4") de las orillas de la vista del acolchado, en los cuatro lados, para permitir el encogido durante el acolchado.

Algunas telas se obtienen en anchos de 229 y 274.5 cm (90" y 108"), aunque la mayoría tienen 115 cm (45") de ancho y habrá que unirlas (página 101). Ayuda mucho hacer un di-

bujo del revés del acolchado, incluyendo las costuras, para calcular bien las medidas. La información que se presenta más adelante, corresponde a tela con 115 cm (45") de ancho, con una medida utilizable de alrededor de 102 cm (40").

Los acolchados para cuna rara vez requieren costuras, ya que se hacen de un sólo ancho de la tela para el revés, cortada al largo deseado. Para el encogido durante el acolchado de los cubrecamas para cuna, deje de 2.5 a 5 cm (1" a 2") por lado.

Cómo calcular las medidas para la tela del revés

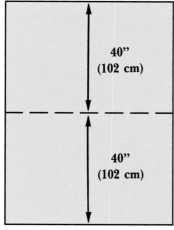

El revés de los acolchados para camas gemelas de menos de 203.5 cm (80") de largo, se puede añadir horizontalmente para aprovechar mejor la tela.

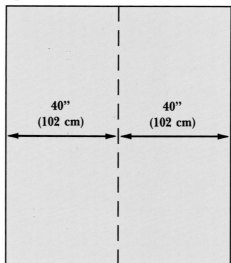
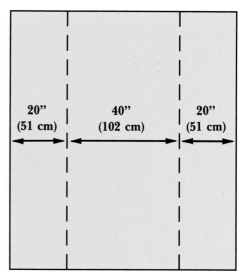

El revés de los acolchados de 102 a 203.5 cm (40" a 80") de ancho requieren coser dos anchos de tela uniéndolos. Los dos anchos se pueden unir por el centro del acolchado o uno de los anchos se divide en dos, uniéndolo a los lados.

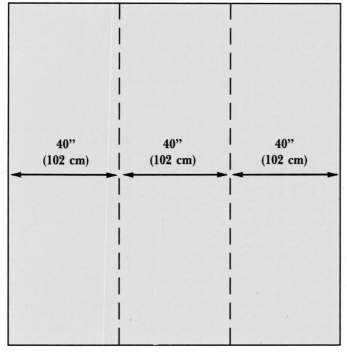
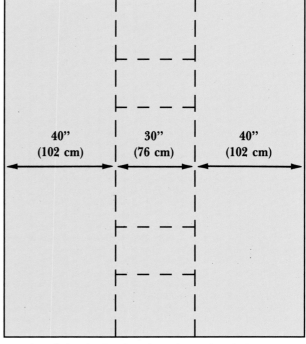

Los forros de más de 203.5 cm (80") de ancho, por lo general requieren tres anchos de la tela. Puede utilizar dos anchos de la tela para los costados, unidos a un lienzo central de tela del mismo color o contrastante.

Cómo seleccionar las telas

Por lo general, las telas se escogen cuando ya se conoce el motivo de diseño y el esquema de colores, aunque una tela especial puede ayudar a originar un diseño o establecer el color para el acolchado. Se pueden utilizar muchas clases de telas, pero una de las consideraciones principales es el contenido de fibras.

Las telas 100 por ciento algodón ofrecen la mejor elección. Son fáciles de cortar, coser y marcar, y también son fáciles de planchar. Se doblan bien y pueden obtenerse en una amplia gama de colores y estampados. La calidad y peso de las telas de algodón se determina contando los hilos. El conteo de hilos corresponde al número de hilos por cada 2.5 cm (1") de tela. En telas de algodón de alta calidad, el número de hilos es igual a lo ancho que a lo largo, esto se llama un tejido parejo. La mayor parte de algodones para acolchar tienen 78 ó 68 por cuadro. Las telas de menor número de hilos resultan demasiado ligeras.

Las mezclas de algodón/poliéster resisten bien las arrugas y el desgaste por abrasión y esto las hace adecuadas para acolchados que se laven frecuentemente. La diferencia entre el número de hilos a lo largo que a lo ancho hace que no se estiren lo mismo longitudinal que transversalmente, lo que dificulta cortarlas con precisión. Además, al coser las mezclas de algodón/poliéster, es mayor la tendencia a fruncirse que en las telas 100 por ciento algodón.

Seleccione siempre telas de buena calidad que sean compatibles con la función de su acolchado: Si está haciendo un edredón para cama infantil, este acolchado está sometido a un uso rudo y constante. Por lo tanto, seleccione telas que resistan el uso y las lavadas frecuentes. Si hace un tapiz para pared, la durabilidad de la tela tiene menor importancia.

Diferentes clases de telas para acolchado

Entre las telas para acolchar se incluyen el calicó, la muselina y otras telas suaves de algodón. Son de peso medio, tejido cerrado de 100 por ciento algodón o una mezcla algodón/poliéster. El calicó 1) y otras telas estampadas se consiguen en diversos colores y dibujos. La muselina 2) es blanco-amarilla o completamente blanca, utilizándose por lo general, para las piezas de fondo en los diseños fragmentados, para los cuadros lisos o para el revés de las colchonetas. El bramante 3) es por lo general, una tela de tejido liso, de un solo color. Las telas teñidas a mano 4) son 100 por ciento algodón y se consiguen en diversos matices de colores sólidos. Estas telas se compran en algunas tiendas especializadas en acolchado y de los proveedores por correo. El chintz 5) es una tela de tejido muy cerrado, con un acabado brillante, por lo general, 100 por ciento algodón. El acabado brillante o lustroso le proporciona al chintz una calidad única, aunque desaparece después de unas cuantas lavadas. El acabado hace que la tela se frunza un poco al coserla. Los alfileres y las puntadas dejan agujeros permanentes, de modo que hay que tener sumo cuidado al cortar o hilvanar los acolchados confeccionados con esta tela.

Cómo seleccionar telas para el revés del acolchado

Escoja una tela para el forro que requiera el mismo cuidado que el derecho del acolchado. Las telas 100 por ciento algodón resultan la mejor elección para el acolchado a máquina ya que no se fruncen tanto como las mezclas de algodón/poliéster.

Algunas telas se fabrican especialmente para el revés de acolchados. Son 100 por ciento algodón y se consiguen en anchos de 229 y 274.5 cm (90" y 108"), de modo que por lo general, no hay que añadirlas. Se pueden conseguir en estampados claros sobre fondo blanco o de algún otro color. Si el acolchado se acaba con un ribete simulado (página 118 y 119), seleccione una tela para el revés que coordine con la vista de la colchoneta.

No es conveniente utilizar sábanas para tela de forro ya que el planchado permanente, por el acabado que tiene, hace que se salten puntadas y frunza la tela al coserlo.

Recomendaciones para seleccionar las telas del revés

Las telas lisas hacen resaltar las puntadas del acolchado; las estampadas tienden a ocultar las puntadas.

La tela del revés no debe transparentarse por el derecho del acolchado cuando se coloca el material de relleno entre ambas capas. Si se transparenta, cámbiela por una más clara.

Cómo preparar la tela

Si piensa lavar el acolchado, haga una prueba en los colores oscuros o vívidos para ver cuán permanentes son y así determinar si el tinte despinta manchando las telas claras o colorea el agua. Si los colores se corren, repita la prueba. Si la tela todavía despinta, probablemente no tenga un teñido permanente.

Las telas pueden pre-encogerse lavándolas en lavadora con jabón suave, como jabón lavatrastes. No utilice jabón especial para lanas finas ya que puede amarillar las telas de algodón. Seque la tela en secadora, con calor.

Cuando encoge previamente una tela, le quita el sobrante de los tintes y acabados químicos que se utilizan durante el proceso de fabricación. La mayoría de telas de algodón encogen de un 2 a 3 por ciento cuando se lavan y secan, de manera que si no vienen pre-encogidas, se fruncirán por las líneas de costura y el tamaño del acolchado terminado cambiará la primera vez que la lave. Después de pre-encogerla, tal vez quiera planchar la tela con almidón rociado, para que el corte y costura le resulten más fáciles.

No siempre se tejen las telas con los hilos cruzando en ángulos de 90°. Sin embargo, por lo general no se requiere enderezar el hilo de la tela. Las pequeñas variaciones en el hilo de la tela no cambian el aspecto del motivo de diseño y al enderezar el hilo, posiblemente pierda hasta 10 cm (4") de un trozo de tela.

Cómo cerciorarse de la firmeza del color de la tela

1) Llene un frasco o vaso con agua caliente y unas cuantas gotas de jabón suave.

2) Corte un cuadro de tela de 5 a 15 cm (2" a 6"). Sumérjalo en el agua. Déjelo remojando hasta que el agua enfríe ligeramente, agitándolo en el agua.

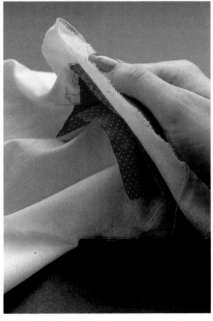

3) Ponga la tela mojada en un trozo de una de las telas lisas claras que va a utilizar en el acolchado y seque. Si el color mancha la tela clara, repita la prueba. Si la tela aún despinta, probablemente no sea un color firme.

Cómo seleccionar el relleno

El relleno es la capa media de una colchoneta. La frisa o grueso de la guata determinan el calor o elasticidad de la colchoneta. La guata para relleno se compra según la cantidad de frisa que se desee (página opuesta).

Las fibras que más se utilizan para relleno son el algodón y el poliéster o una mezcla de ambos. La guata de algodón proporciona un aspecto plano, tradicional al acolchar. La guata de poliéster proporciona un aspecto esponjado y resulta más estable y fácil de manejar que la de algodón. La guata de algodón/poliéster combina el aspecto plano del algodón con la estabilidad y facilidad de manejo del poliéster.

Existen dos tipos de relleno que se usan con frecuencia: el bondeado y el sellado con agujas. La guata bondeada se fabrica acomodando las fibras en capas y agregándoles un acabado que sujeta las fibras y las une, esto hace la guata más fácil de manejar. Las puntadas del acolchado pueden distanciarse unas de otras hasta 12.5 cm (5"). Las guatas selladas con agujas se confeccionan acomodando las fibras en capas y pasándolas por una máquina de agujas que le proporciona una frisa densa y baja. Es firme, fácil de manejar y caliente. La mayoría de los rellenos sellados con agujas son de poliéster.

Las fibras de la guata pueden moverse, modificando el aspecto del acolchado. El relleno bondeado se trata para evitar el movimiento de las fibras. Las fibras se desplazan en dos formas: apelmazándose y saliéndose.

Apelmazarse es cuando las fibras se mueven haciendo que haya áreas gruesas y delgadas en el acolchado, se dice que se apelmazan; esto se controla haciendo las puntadas del acolchado separadas sólo de 1.3 a 2.5 cm (1/2" a 1").

Cuando las fibras sobresalen de la superficie del acolchado, como sucede en los rellenos de poliéster, estas fibras se amontonan. El relleno de poliéster puede apelmazarse, pero las fibras se rompen en la superficie. Para impedir que se salgan, utilice una tela de tejido cerrado para el derecho y el revés. Si utiliza una guata que pueda salirse, no use telas oscuras, ya que la falla será más visible en estas telas. Si llega a pasar, recorte las fibras cerca de la superficie del acolchado sin jalarlas a través de la tela. Después de recortarlas, separe el derecho del acolchado del relleno para que las fibras regresen al interior del acolchado.

La guata se puede conseguir en gran variedad de tamaños, aunque la selección sea limitada en ciertas fibras y clases de fabricación. Los rellenos de poliéster tienen los más amplios tamaños y frisas. El relleno debe extenderse de 5 a 10 cm (2" a 4") por fuera de las orillas de la vista del acolchado por todos los lados, para permitir que encoja durante el acolchado.

El relleno viene empacado para acolchados tamaño estándar. También se puede conseguir por metro y en paquetes más pequeños para las labores de ropa y artesanías.

Recomendaciones para seleccionar el relleno

Contenido de fibra	Aspecto del acolchado terminado	Características	Espacio entre las puntadas de acolchado
Algodón	Plano	Absorbe la humedad, fresco en verano y caliente en invierno	1.3 a 2.5 cm (1/2" a 1")
Poliéster	Esponjado	El calor y la frisa no pesan anti-alérgeno, resiste el moho y los hongos	7.5 a 12.5 cm (3" a 5")
Mezcla algodón/ poliéster	Moderadamente plano	Combina las características del algodón y el poliéster	5 a 10 cm (2" a 4")

Recomendaciones para seleccionar el relleno

La frisa baja en el algodón bondeado o en la guata de algodón/poliéster los hace muy fáciles de manejar.

La frisa mediana le agrega textura al acolchado terminado. Mientras más alta sea la frisa, será más difícil acolchar a máquina.

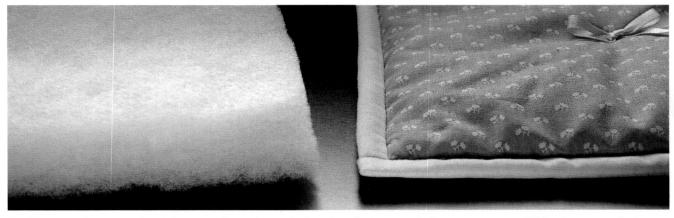

Las frisas muy altas y extra-altas de las guatas dan mejor resultado en los edredones anudados, ya que son muy difíciles de coser a máquina.

Grosor del relleno

Frisa baja	3 mm a 1 cm (¹/8" a ³/8")
Frisa mediana	1.3 a 2 cm (¹/2" a ³/4")
Frisa alta	2.5 a 5 cm (1" a 2")
Frisa extra-larga	5 a 7.5 cm (2" a 3")

Tamaños de la guata comprimida

Cuna	115 × 152.5 cm (45" × 60")
Cama individual	183 × 229 cm (72" × 90")
Cama matrimonial	206 × 244 cm (81" × 96")
Cama Queen-size	229 × 274.5 cm (90" × 108")
Cama King-size	305 × 305 cm (120" × 120")

Herramientas y equipo

El acolchado resulta más fácil con unas cuantas herramientas cuidadosamente escogidas, a la vez que le ayudan a mejorar la exactitud del corte, marcaje y costura.

El acolchado puede hacerse todo en una máquina de coser convencional de puntada recta. Los resultados que se obtengan mejorarán al escoger el tipo adecuado de herramientas, como prensatelas y la placa del transportador.

Herramientas de corte y medición

Las reglas transparentes **1)** sirven para medir y como una guía recta para cortar con una cuchilla rotatoria.

Las medidas son visibles a través de la regla, de modo que se puede cortar sin marcar. Existen muchos tamaños y tipos de reglas transparentes. Debido a su versatilidad, se recomienda una regla de 15 × 61 cm (6" × 24").

Las características de las reglas son muy variadas. Algunas reglas tienen las medidas impresas en dos colores para que destaquen tanto en telas claras como en las oscuras. Algunas tienen una cejilla en una orilla para engancharlas a la orilla de la superficie de corte y así alinearlas con más facilidad. Algunas están impresas por la parte inferior para evitar la distorsión, aumentando la exactitud. Si las líneas y números vienen moldeados por la parte inferior de la regla, evitan

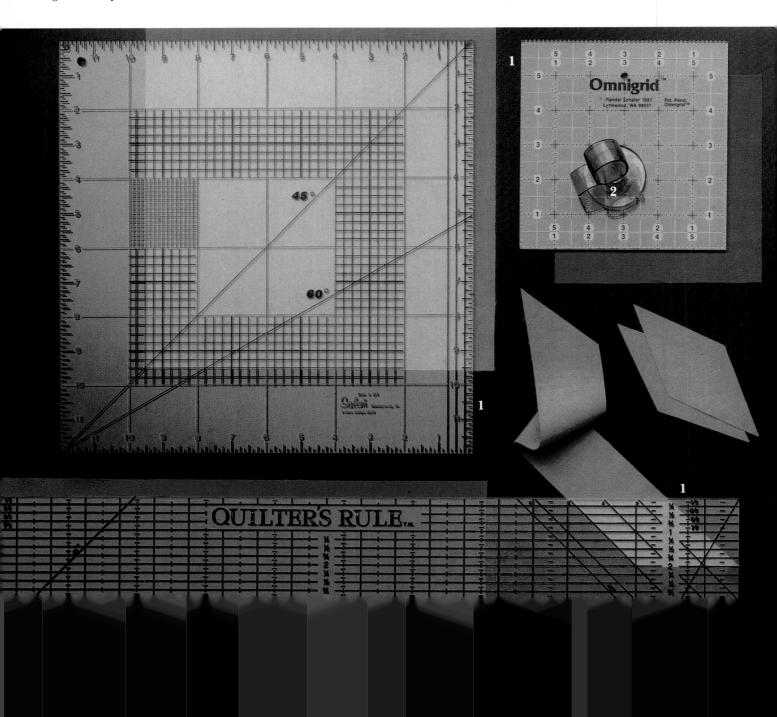

que se resbale. También se pueden conseguir las reglas cuadradas y las que tienen líneas en ángulos de 30°, 45° y 60°. Seleccione las reglas que tengan las características más importantes para el tipo de acolchado que piensa hacer.

Los anillos de succión **2)** y los mangos de succión **3)** sirven para mantener la regla en su posición.

Las cuchillas rotatorias **4)** le permiten cortar orillas lisas en varias capas de tela a la vez, con rapidez y facilidad. Las cuchillas vienen en dos tamaños: El más pequeño da buen resultado al cortar las curvas o unas cuantas capas de tela. Las mayores son mejores para cortar orillas largas, rectas y muchas capas de tela.

Las bases para corte **5)**, hechas especialmente para usar cuchillas rotatorias, protegen las cuchillas y la mesa. Se consiguen lisas o impresas con una cuadrícula y líneas diagonales. La cuadrícula ayuda al cortar ángulos rectos. Vienen en varios tamaños. Escoja una base para corte que mida por lo menos 56 cm (22") de ancho para que le dé espacio suficiente para acomodar el ancho de una tela doblada a la mitad.

Las tijeras de costura **6)** y las tijeras de corte **7)** se utilizan para cortar varias formas y recortar los hilos. Las cuchillas Exacto^{MR} **8)** se utilizan para cortar cartulina, papel y plantillas de plástico para los diseños con retazos o con aplicaciones.

Herramientas para marcar

Las marcas deben durar en el acolchado únicamente mientras las necesite y se deben quitar completamente con facilidad sin dañarlo. Pruebe siempre los marcadores en las telas y vea cuánto duran las señales; cerciórese además de que se pueden quitar. Marque ligeramente ya que resulta más difícil quitar marcas embebidas en las fibras.

Utilice una goma especial para telas **1)** para quitar el lápiz de plomo claro **2)**, sin erosionar la tela o dejar huellas de la señal en la tela. Los lápices de color sin aceite ni ceras **3)** también se usan para marcar. Escoja un color parecido al de la tela, o escoja el plateado ya que se ve en la mayoría de las telas. Quite las marcas antes de planchar la tela o lavarla en agua caliente ya que en ocasiones, el calor fija las marcas de los lápices. Los lápices blancos solubles al agua **4)** se utilizan para marcar las telas oscuras. Las marcas se quitan con trapo húmedo. Los lápices de jaboncillo de sastre **5)** están hechos de talco comprimido y las marcas se quitan frotando o limpiando con agua.

Las carretillas de greda **6)** vienen en diferentes formas y colores; las marcas son finas y exactas. Las marcas se quitan con facilidad, son lavables y no manchan.

Para hacer sus propias plantillas, se pueden conseguir muy diversas hojas de plástico **7)**. Las plantillas ya hechas **8)** se consiguen para los diseños tradicionales.

Herramientas para costura y acolchado

Para facilitar las puntadas, el hilo debe ser de buena calidad. Utilice hilo 100 por ciento algodón **1)** para las piezas del motivo, o hilo de costura de usos generales **2)**. Armonice el color del hilo al de la tela más oscura o utilice un color neutral como negro, crema o gris, para que no se note. Para hilvanar se utiliza un hilo fino, blanco de algodón **3)** o un hilo blanco de usos generales. El tinte de un hilo oscuro podría manchar las telas.

Por lo general, para el acolchado la mejor elección es el hilo 100 por ciento algodón. El monofilamento de nailon delgado, de .004 mm o de calibre 80 **4)**, se consigue en color humo o transparente es bastante bueno para acolchar y para coser de manera invisible las aplicaciones, ya que se mezcla con todos los colores. El hilo de algodón para acolchar **5)** sin acabado, se puede utilizar para acolchar a máquina. Sin embargo, el hilo para acolchado con un acabado especial glaseado no se debe usar para acolchar a máquina. El hilo que se use puede combinar o contrastar con la tela.

Antes de iniciar un proyecto de acolchado, inserte una aguja nueva en la máquina **6)**. Si va a unir piezas y aplicaciones, utilice un calibre 9/70 ó un 11/80. Si va a acolchar a máquina, utilice aguja 11/80 ó 14/90, dependiendo del grosor y contenido de fibra del relleno.

Los alfileres de seguridad **7)** son indispensables para hilvanar prendiendo el acolchado. En la mayoría de proyectos los inoxidables de 2.5 cm (1") dan buenos resultados. Para hilvanar con hilo, utilice agujas de sombrerero **8),** ya que son largas y tienen ojos redondos y chicos. Utilice alfileres para acolchar con cabeza de vidrio **9)** porque son resistentes y miden 4.5 cm (1¾") de largo.

Equipo de la máquina de coser

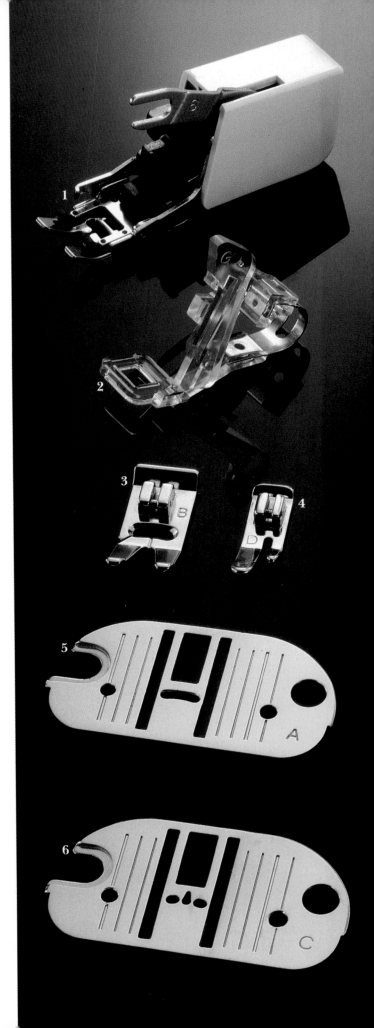

Para acolchar se usa una máquina de coser convencional de puntada recta. El largo de puntada se ajusta fácilmente ya que las líneas de costura se inician y terminan aumentando o disminuyendo gradualmente el largo de puntada.

Se puede hacer un acolchado completo únicamente utilizando puntada recta, pero tendrá más opciones de acolchado con las características adicionales de las máquinas de coser, comunes a la mayoría de ellas. La puntada de dobladillo invisible se utiliza para pegar las aplicaciones. La placa de alimentación que se puede cubrir o bajar le permiten hacer acolchado guiado libre.

Prensatelas

Los prensatelas especiales no son necesarios para acolchar a máquina, aunque se obtienen mejores resultados si los utiliza. Para guiar a máquina el acolchado, se recomienda el prensatelas Even Feed^{MR} **1)**, ya que no frunce las costuras. La placa de alimentación del prensatelas Even Feed se sincroniza con los de la máquina de coser, jalando las capas de tela a la misma velocidad. Cuando se trate de acolchado libre, utilice un prensatelas para remendar **2)** o cosa sin prensatelas, dependiendo de la máquina en que cosa.

Utilice un prensatelas para uso general **3)** o un prensatelas especial para zigzag y puntada invisible. El prensatelas para puntada recta **4)** mejora la calidad de las puntadas, especialmente con los trozos de tela que llevan las pestañas angostas, características del acolchado.

Placas del transportador

Con el prensatelas de uso general o el especial para zigzag y puntada invisible, utilice una placa del transportador de uso general **5).** Con el prensatelas para puntada recta se utiliza una placa del transportador para puntada recta **6)** cuando se hacen costuras rectas y uniformes o las líneas del acolchado. El agujero pequeño en la placa del transportador impide que la tela se meta en la máquina conforme se cose. La placa del transportador para puntada recta también se utiliza con el prensatelas Even Feed^{MR} para acolchado guiado a máquina, así como con el prensatelas para remiendo si se trata de acolchado guiado a mano.

El área de trabajo

La comodidad y conveniencia son las consideraciones más importantes al disponer el área de trabajo para acolchar a máquina. Cerciórese de que la máquina está a una altura conveniente, de modo que sus hombros estén descansados mientras realiza el acolchado. Si es posible, escoja una superficie de corte que le quede a la altura de la cadera. El área de corte debe ser lo suficientemente amplia para dar cabida a 0.95 m (1 yd) de tela.

Distribuya las áreas de costura, planchado y corte convenientemente una de otra, cerciorándose de tener una buena fuente de luz sobre cada área. Deje la plancha y mesa de planchar al alcance, ya que las pestañas de costura se planchan frecuentemente al unir las piezas.

Un tablero de franela en un color neutral resulta muy valioso cuando se diseña un acolchado. Se puede usar fieltro o guata en lugar de franela. Cuando cuelgue el tablero en una pared o puerta, cerciórese de que le queda espacio para alejarse unos pasos y contemplar todo el diseño. Utilice el tablero cuando esté determinado cómo se ven las telas juntas, antes de coser los motivos de diseño, o cuando esté apreciando el efecto de los diferentes diseños o evaluando diversos acomodos.

Para facilitar el acolchado, amplíe la superficie de costura para que sostenga la tela tanto a la izquierda como hacia atrás de la máquina de coser. La superficie debe ser continua, lisa, para que el acolchado se deslice con facilidad, sin atorarse. La superficie debe tener la misma altura que el soporte de la máquina, si es posible. Si utiliza una máquina de cabeza libre, convierta la superficie de trabajo en un soporte liso.

Cuando se trate de una máquina portátil, acomode la máquina a 12.5 ó 15 cm (5" ó 6") hacia adentro de la orilla de su mesa, dejando suficiente espacio a la izquierda de la máquina para apoyar el acolchado.

Si la máquina de coser está en un gabinete, retírelo de la pared. Acomode una mesa detrás del gabinete y otra bajo el portatelas de la máquina a fin de sostener el acolchado y disminuir el esfuerzo de las bisagras del gabinete.

Cuelgue en la pared un trozo de franela, fieltro o guata para que le sirvan de soporte a las piezas cuando diseña un acolchado. Los trozos de tela se adhieren sin necesidad de alfileres.

Técnicas básicas para retacería

Los diseños que se presentan en esta sección son los básicos, tradicionales y van desde los cuadros sencillos hasta curvas más complejas y aplicaciones. Las piezas se cortan sin utilizar plantillas, excepto las curvas y aplicaciones.

Las técnicas para ajustar la máquina de coser y para el corte, costura y planchado de las telas son las mismas para la mayoría de los diseños con retacería.

La exactitud es sumamente importante para asegurar una buena labor con retazos. Un pequeño error puede multiplicarse muchas veces, dando como resultado un bloque o un acolchado cuyas piezas no ajustan bien entre sí. Rectifique la exactitud de su corte y su costura. Tal vez le convenga practicar las técnicas de corte y costura en un proyecto pequeño antes de emplearlas en una labor grande.

Técnicas para cortar los retazos

Las técnicas rápidas de corte que se proporcionan a continuación no sólo ahorran tiempo, sino también son precisas. En lugar de cortar cada pieza del acolchado por separado, encime varias capas de tela y haga tiras transversales. Las piezas se cortan de estas tiras, lo que elimina el uso de plantillas.

Determine el hilo de la tela doblando la tela por la mitad mientras la sostiene por los orillos. Deslice suavemente un lado hasta que la tela caiga recta. No es necesario enderezar las telas para acolchado que no están al hilo ni sacarles hilos o rasgarlas para encontrar el hilo de la tela.

El equipo de corte de buena calidad le ayuda a asegurarse de que cada pieza que corte tiene exactamente el tamaño correcto y que todas las piezas ajustan perfectamente entre sí. Utilice una cuchilla rotatoria con buen filo y una base para corte con cudrícula impresa.

Pegue tres o cuatro tiras delgadas de papel lija fino a lo ancho de la parte inferior de una regla transparente usando para ello una cinta con pegamento por ambas caras. Esto impide que la regla se le resbale cuando esté cortando la tela.

Cómo cortar la tela en tiras

1) Doble la tela a la mitad, uniendo los orillos. Sostenga la tela por los orillos, dejando que el doblez caiga libremente. Deslice un lado de la tela hasta que el doblez quede recto. La línea del doblez es la recta del hilo de la tela.

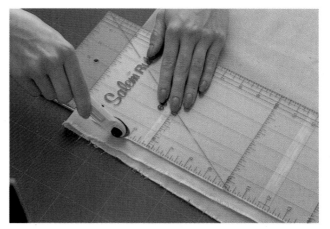

2) Acomode la tela sobre la base para corte, colocando el doblez en una recta de la cuadrícula. Acomode la regla sobre la tela, cerca de la orilla cortada, a un ángulo de 90° respecto al doblez. Recorte por la orilla de la regla cuidando de no mover la tela. Sostenga firmemente la regla y con una presión firme, deslice la cuchilla giratoria hasta que rebase ligeramente la mano apoyada.

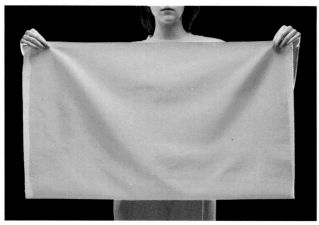

3) Deje la cuchilla en ese lugar y mueva la mano que sostiene la regla un poco hacia abajo. Sostenga firmemente y siga cortando. Cerciórese de que la tela y la regla no cambien de posición.

4) Coloque la regla sobre la tela, alineando la orilla cortada con la medida adecuada en la regla. Sostenga la regla firmemente y corte siguiendo los pasos 2 y 3. Después de cortar varias tiras, revise la tela para cerciorarse de que sigue al hilo, repitiendo el paso 1.

Técnicas de costura

Para los acolchados formados de retacitos, las costuras miden tradicionalmente 6 mm (¼"); cosa cuidadosamente para dejar las pestañas del mismo tamaño y que todas las piezas ajusten bien. Si su máquina cuenta con una guía para costura, revise la colocación de la marca de 6 mm (¼") cosiendo en un trozo de tela. Si no tiene guía para costura, marque una con cinta adhesiva.

El largo de puntada debe ser de alrededor de 15 puntadas por cada 2.5 cm (1"). Probablemente necesite una puntada más corta cuando se trata de coser curvas, que también se utiliza para rematar la costura en los extremos de ésta. Ajuste la tensión de los hilos para que la tela no se frunza al coserla.

La costura en cadena es una técnica que ahorra tiempo cuando se unen los retacitos. Las costuras se hacen sin detenerse ni cortar los hilos entre las distintas piezas. Después de unir todas las piezas, se cortan los hilos de unión y las costuras se abren con los dedos.

Aunque algunas personas prefieren hacer cada bloque de una sola vez por la satisfacción que proporciona el acabarlo pronto, resulta mucho más eficiente coser en unidades todo el acolchado. Una con costura en cadena todas las piezas más pequeñas de todos los bloques y luego combínelas para formar las unidades más grandes.

Costuras en cadena y cómo ensamblar las piezas

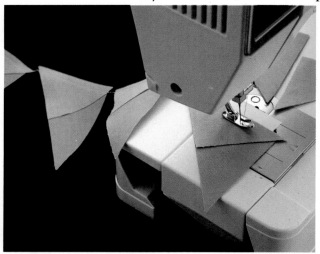

1) Comience con las piezas más pequeñas y únalas sin rematar o detenerse entre las piezas para formar una cadena de unidades de dos piezas. Corte los hilos y presione la costura con los dedos.

2) Si su diseño lo requiere, aumente más piezas a las unidades, formando su diseño y uniéndolas en cadena. Recorte los hilos y presione la costura con los dedos.

3) Forme unidades mayores cosiendo juntos los distintos pedazos. Corte los hilos y alise con los dedos la costura.

4) Una con costura las unidades mayores para formar el bloque del acolchado. Planche.

Técnicas de planchado

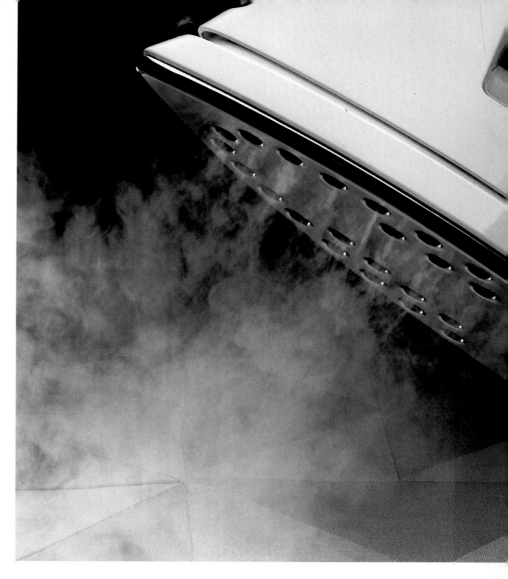

En los acolchados, las costuras generalmente se planchan hacia un lado. Sin embargo, si va a hacer un acolchado punteado (página 117) es preferible plancharlas abiertas para facilitar el acolchado. Al plancharlas hacia un lado conviene llevarlas hacia la tela más oscura para impedir que se transparente.

No planche hasta que la unidad esté al hilo por los cuatro lados. Quite siempre todas las marcas en la tela antes de planchar ya que el calor de la plancha las puede fijar permanentemente. Al planchar las costuras use vapor en vez de presión ya que así impide que las capas de tela se marquen por el derecho. Si el desplazamiento de la plancha es pesado, puede distorsionar el tamaño y forma de las piezas. Planche los bloques primero por el revés y después muy ligeramente por el derecho.

Al terminar el acolchado no debe plancharlo ya que el relleno se aplana.

Recomendaciones para el planchado

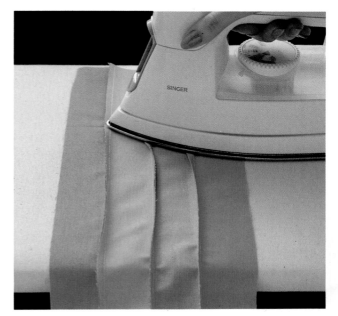

Alise con los dedos las pestañas de costura, una por una ya que si lo hace con plancha puede distorsionar las costuras al bies. Utilice la plancha sólo cuando una unidad o bloque esté al hilo en los cuatro lados.

Planche las costuras largas con una plancha colocando las tiras a lo ancho y no a lo largo del burro de planchar, para evitar que el hilo de la tela se ondule conforme plancha.

Cómo coser los diseños con cuadrados

Muchos acolchados se forman con bloques de nueve parches, los que pueden estar formados de un cuadrado entero o de retazos. Un bloque de nueve parches dobles alterna cuadrados de una sola pieza con otros formados de retazos en tablero de ajedrez. Cada uno de los cuadrados del tablero está formado por nueve cuadros más pequeños.

Hay dos maneras de ensamblar un bloque de nueve parches: el método tradicional y el de retacería por tiras. El método tradicional resulta para las piezas más grandes de tela, cuadrados de 11.5 cm (4½"). El método de retacería

por tiras se utiliza principalmente cuando se hacen bloques con dibujos complicados, ya que es posible hacer la retacería rápidamente sin tener que trabajar con piezas muy pequeñas. Un bloque de nueve parches dobles puede confeccionarse con el método tradicional o con el de retacería por tiras.

Las instrucciones para el bloque de nueve parches (página 62) y para el de doble nueve (página 63) forman bloques terminados de 30.5 cm (12").

Cómo cortar cuadros

1) Corte las tiras de tela (página 57) del ancho de lado del cuadrado, aumentando 1.3 cm (1/2") para pestañas de costura. Encime tres o cuatro tiras, casando las orillas con toda exactitud; acomode la regla sobre la tela cerca de los orillos a un ángulo de 90° respecto a las orillas largas de las tiras. Corte los orillos.

2) Coloque la regla sobre la tela, alineando la orilla corta de la tela con la medida correcta en la regla. Corte al mismo ancho que las tiras, sujetando firmemente la regla.

Cómo coser un bloque de nueve parches siguiendo el sistema tradicional

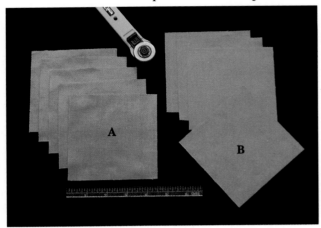

1) **Corte** cinco cuadros de la tela A de 11.5 cm (4¹/₂"). Corte cuatro cuadrados de la tela B de 11.5 cm (4¹/₂").

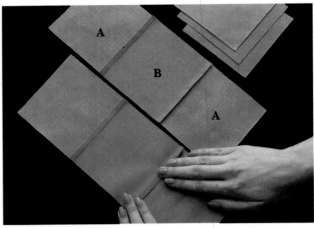

2) **Cosa** un cuadro de la tela A y uno de la tela B, derecho con derecho, con pestañas de 6 mm (¹/₄"). Cosa otro cuadro de la tela A al otro lado de la tela B. Abra las pestañas presionando con los dedos hacia la tela más oscura. Repita para hacer dos unidades A-B-A.

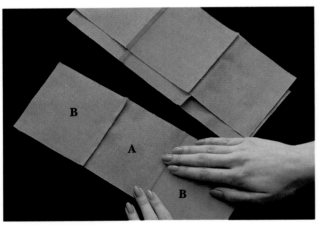

3) **Una** un cuadro de tela A a uno de tela B, derecho con derecho. Una otro cuadro de tela B al otro lado de la tela A. Presione las pestañas con los dedos hacia la tela más oscura.

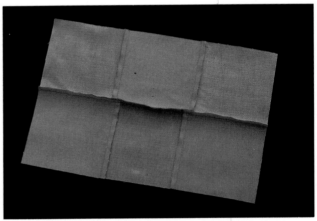

4) **Cosa** una unidad A-B-A a la unidad B-A-B, por las orillas largas, derecho con derecho. Case las líneas de costura y las orillas exteriores llevando todas las pestañas hacia la tela más oscura.

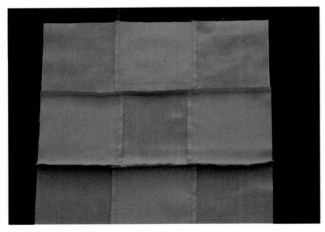

5) **Cosa** la unidad restante A-B-A uniéndola a la otra orilla larga de la unidad B-A-B, como en el paso 4.

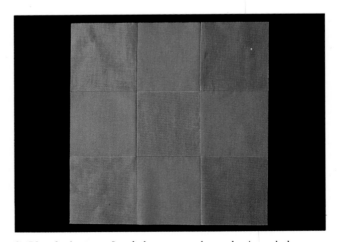

6) **Planche** las pestañas de las costuras largas hacia un lado para después planchar por el derecho.

Cómo coser un bloque de nueve cuadros dobles usando la técnica de retacería por tiras

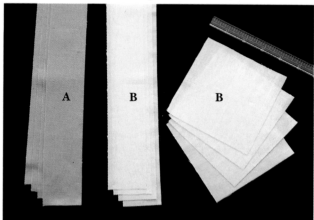

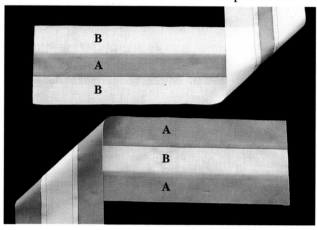

1) Corte dos tiras de la tela A y de la tela B de 4.7 cm (1⁷/₈"); corte las tiras por mitad para hacer cuatro tiras de 56 cm (22"). Corte cuatro cuadrados de 11.5 cm (4¹/₂") de la tela B.

2) Cosa una unidad B·A·B y otra A·B·A, derecho con derecho, dejando pestañas de 6 mm (¹/₄"). Planche las pestañas hacia la tela más oscura.

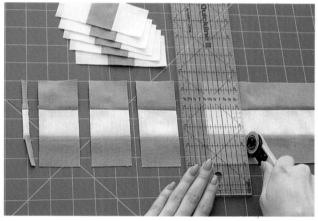

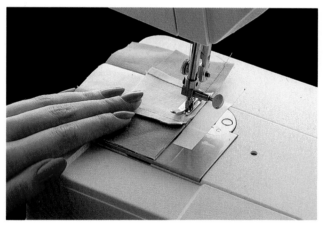

3) Corte la orilla angosta de cada unidad fragmentada en ángulo de 90°. Corte diez tiras justas a la unidad A·B·A, de 4.7 cm (1⁷/₈"). Corte cinco tiras justas de la unidad B·A·B de 4.7 cm (1⁷/₈").

4) Cosa una unidad A·B·A a una B·A·B por los extremos largos, derecho con derecho. Cosa después la unidad A·B·A a la otra orilla larga de la unidad B·A·B, derecho con derecho, para formar un dibujo de tablero.

5) Repita el paso 4 para las unidades de tablero restantes. Planche cada costura hacia el lado con dos cuadros oscuros.

6) Cosa las unidades de cuadrícula y las de color liso para formar un bloque de nueve cuadrados, como en los pasos 2 a 6 de la página opuesta.

Cómo coser los diseños con rectángulos

Los rectángulos se utilizan en muchos diseños. Los métodos de retacería por tiras son útiles para formar las piezas de los diseños hechos de rectángulos. El diseño de Rayo es uno de los más fáciles de todos los bloques para acolchado cuando se quiere emplear la retacería por tiras. El de Reja de ferrocarril utiliza el mismo método de retacería, aunque las tiras son más angostas.

La Cabaña de leños es uno de los diseños tradicionales más populares y con más posibilidades de cambios. Este diseño es muy adecuado para los métodos rápidos de retacería.

Para los tres diseños, escoja cuidadosamente las telas ya que ellas definen el dibujo en el derecho del acolchado. Por ejemplo, en el diseño de Rayo, escoja un color claro y uno oscuro. Para el de Reja de ferrocarril en que dos de las telas definen el patrón de zigzag en el derecho del acolchado, la secuencia de colores claros a oscuros es agradable.

Para el diseño de Cabaña de leños, puede utilizar tres telas de color claro y una de oscuro. El cuadrado del centro debe ser liso, ya sea de un color contrastante o complementario.

Las instrucciones para los diseños de Rayo y Reja de ferrocarril se utilizan cuando se necesita un sólo bloque, como en un muestrario o una para almohadón. Sin embargo, si va a hacer un acolchado para cama con estos diseños, le resultará más fácil coser una hilera entera de cuadrados en una disposición horizontal-vertical-horizontal, a todo lo ancho del derecho de acolchado para después unir las hileras.

Las instrucciones para el diseño de Rayo (abajo), el de Reja de ferrocarril (página 66) y el de Cabaña de leños (página 67), son para bloques que miden 30.5 cm (12") ya terminados.

Cómo hacer un bloque de Rayo

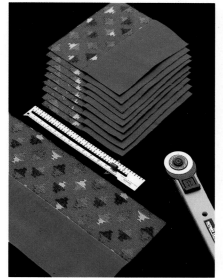

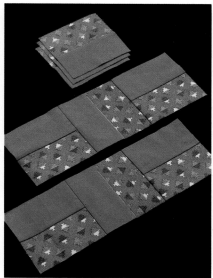

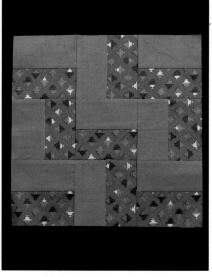

1) Corte una tira de ambas telas de 6.5 cm (2¹/₂") de ancho (página 57). Cósalas, derecho con derecho por el largo. Planche las costuras hacia un lado. Corte nueve cuadrados de la tira, de 11.5 cm (4¹/₂") a un ángulo de 90° con las costuras.

2) Una tres cuadrados cosiéndolos juntos en secuencia horizontal-vertical-horizontal, como se muestra. Repita con otros tres cuadros. Conserve las telas en la misma secuencia, de izquierda a derecha y de la parte superior a la inferior en todo el motivo. Planche las costuras de unión hacia el mismo lado.

3) Una los tres cuadros restantes en una secuencia vertical-horizontal-vertical. Planche las costuras en dirección opuesta a las otras hileras. Una las hileras restantes con la hilera vertical-horizontal-vertical en la parte central. Planche las costuras hacia un lado.

Cómo hacer un bloque de Reja de ferrocarril

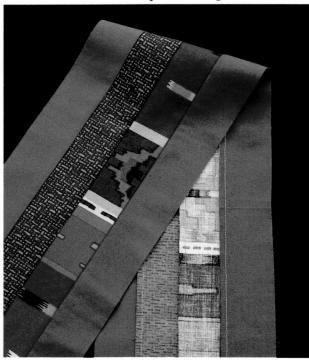

1) Corte una tira de 5 cm (2") de ancho de cada una de las cuatro telas diferentes. Cuando haya unido las tiras, las orillas exteriores definirán el patrón de zigzag. Cosa las tiras en secuencia, derecho con derecho por el largo. Planche las pestañas de costura hacia un lado.

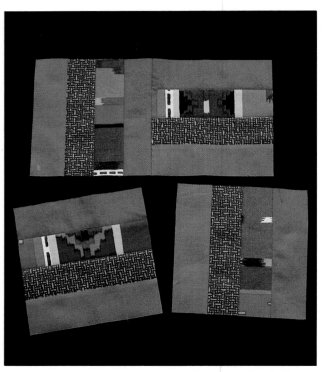

2) Corte cuatro cuadrados de 16.3 cm (6½"), a un ángulo de 90° de las costuras para formar una unidad. Cosa dos cuadrados juntos en un arreglo vertical-horizontal, como se muestra. Planche las costuras hacia un lado.

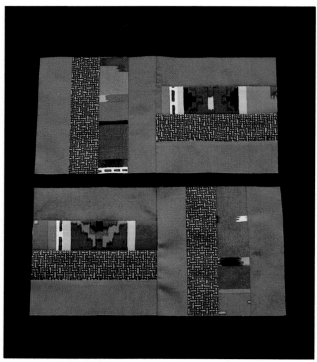

3) Una los dos cuadrados restantes en un arreglo horizontal-vertical, como se muestra. Mantenga las telas en la misma secuencia de izquierda a derecha y de arriba hacia abajo en todo el motivo. Planche las pestañas en dirección opuesta a la primera hilera.

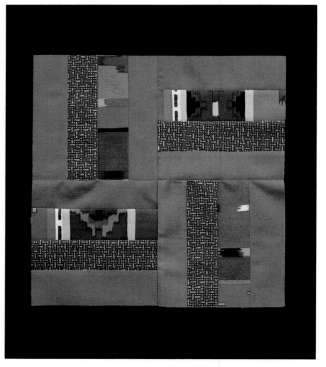

4) Una las dos hileras casando las líneas de costura. Planche las pestañas hacia un lado.

Cómo hacer un bloque de Cabaña de leños

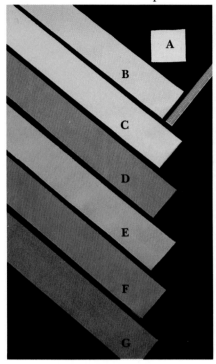

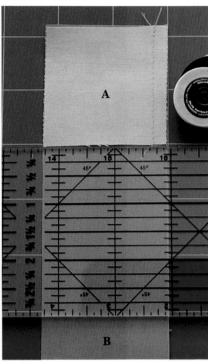

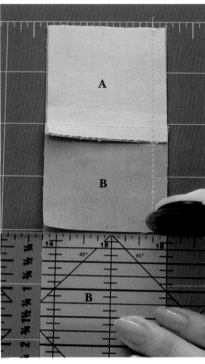

1) Corte un cuadrado justo de 6 cm (2¼") de la tela A. Corte una tira justa de 6 cm (2¼") de cada una de las seis telas diferentes (página 57). Etiquete las telas de B a G, como se muestra.

2) Coloque el cuadro liso de la tela A sobre la tira B, derecho con derecho. Cosa por un lado. Recorte la tira pareja con el cuadro y planche la costura hacia una orilla.

3) Coloque la unidad sobre el resto de la tira B, como se muestra. Cosa por el lado más largo. Corte la tira al ras de la orilla inferior de la parte que ya cosió. Planche la pestaña de costura hacia la orilla.

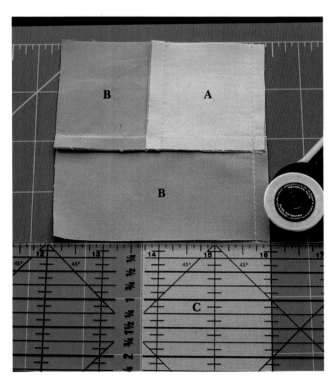

4) Coloque la unidad de tres piezas sobre la tira C en un ángulo de 90° respecto a la costura más reciente. Cosa por el lado largo. Recorte la tira al ras con la parte inferior de la parte que ya cosió. Planche la pestaña de costura hacia la orilla.

5) Acomode la unidad de cuatro piezas sobre el largo restante de la tira C, en ángulo de 90° respecto a la costura más reciente. Siga de esta manera, cosiendo dos tiras de cada color a la unidad de pedazos, en secuencia. Planche las pestañas hacia las orillas.

Cómo coser los diseños con triángulos

Los triángulos se usan con frecuencia para formar los bloques de diseño. Hay dos métodos para cortarlos y coserlos: el método de corte rápido, con la técnica tradicional para hacer la retacería y el método de retacería con cuadrícula.

El método de corte rápido le permite cortar varias capas de tela de una sola vez. Algunos triángulos se cortan con el hilo de la tela por el lado mayor y otros lo llevan en uno de los cortos. El hilo de la tela debe quedar en la orilla exterior de cada unidad de manera que las orillas sean estables y no se estiren al unir las partes del diseño. En ese momento los triángulos se cosen utilizando el método tradicional para unir retazos.

El método de corte rápido se emplea para cortar los triángulos del diseño de Gansos voladores (páginas 70 y 71);

hay que evitar las telas con dibujo en una dirección. Las tiras con el motivo de Gansos voladores se utilizan para cenefas o franjas y también se pueden unir para formar un acolchado entero como en el acolchado para cuna de la página opuesta.

El método de retacería en cuadrícula (página 72) le permite cortar y coser los triángulos en una sola operación. Se utiliza siempre que se cosen juntos dos triángulos para formar un cuadrado, comúnmente llamado *triángulo-cuadrado*, como en el bloque de Rehilete (página 73). El método de retacería en cuadrícula resulta especialmente útil para trabajar triángulos pequeños.

Las instrucciones que se presentan a continuación para el bloque de Gansos voladores (páginas 70 y 71) así como el diseño de rehilete (página 73), sirven para un bloque terminado de 30.5 cm (12").

Cómo cortar triángulos con un método rápido

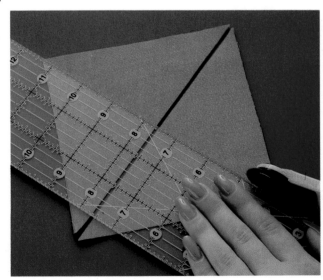

Triángulos con dos lados al hilo de la tela. Corte cuadrados (página 61) con los lados al largo de los lados *cortos* del triángulo terminados, aumentando 2.2 cm (⁷/₈"). Del número de triángulos que necesite, corte la mitad de cuadrados. Encime tres o cuatro cuadrados, casando perfectamente las rodillas. Acomode la regla diagonalmente a través de los cuadros y corte mientras sostiene la regla firmemente.

Triángulos con el lado largo al hilo de la tela. Corte los cuadrados (página 61) con los lados al largo de los costados *largos* del triángulo ya terminado aumentando 3.2 cm (1¼"). Del número de triángulos que necesite, corte sólo la cuarta parte de cuadrados. Acomode la regla diagonalmente sobre los cuadrados y corte mientras sostiene la regla firmemente. Acomode la regla diagonalmente de nuevo en la otra dirección y corte.

Cómo hacer un bloque con el diseño de gansos voladores

1) Corte tres cuadrados de 13.1 cm (5¼") de una misma tela. Córtelos diagonalmente en ambas direcciones de modo que el lado largo de cada triángulo quede al hilo de la tela.

2) Corte doce cuadrados de la segunda tela, de 7.8 cm (2⅞"). Corte los cuadrados diagonalmente en una dirección de manera que los lados cortos de cada triángulo pequeño queden al hilo de la tela. Corte tres tiras de la tercera tela de 4.7 × 31.8 cm (1⅞" × 12½").

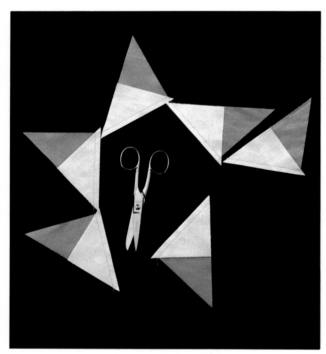

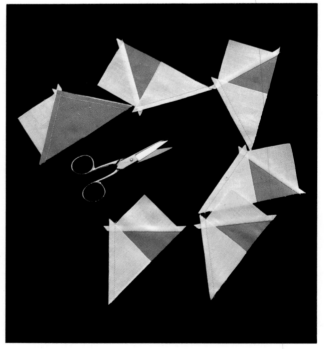

3) Cosa el lado largo de un triángulo pequeño con el lado corto de un triángulo grande, derecho con derecho, con pestañas de costura de 6 mm (¼"), casando las esquinas en la base del triángulo grande. Cuide de no estirar las orillas cortadas al bies. Repita utilizando la costura en cadena, hasta terminar las unidades restantes y corte los hilos para separarlas.

4) Planche con los dedos las pestañas hacia el triángulo pequeño. Cosa un triángulo pequeño al otro lado del triángulo grande, derecho con derecho, casando las esquinas en la base del triángulo grande. Cuide de no formar un pliegue en la primera costura. Repita utilizando la costura en cadena hasta terminar las unidades que le quedan y corte.

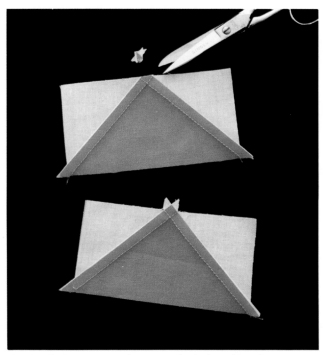

5) Planche las pestañas de costura hacia los triángulos pequeños. Recorte las puntas.

6) Coloque dos unidades derecho con derecho, casando la parte superior de una unidad a la inferior de la otra, de modo que los triángulos grandes apunten en la misma dirección. Cosa, con la punta del triángulo grande en la parte superior para cerciorarse de que la costura pasa por la punta. Repita utilizando la costura en cadena hasta terminar las piezas y corte.

7) Cosa tres unidades para formar una tira de retazos de seis piezas. Repita para la segunda tira. Planche las pestañas de costura hacia la base de los triángulos grandes.

8) Cosa una tira larga del material contrastante entre dos tiras retazos unidos. Cosa las tiras sobrantes a los lados. Planche las pestañas hacia las tiras largas.

Cómo hacer triángulos-cuadrados con el método de cuadrícula

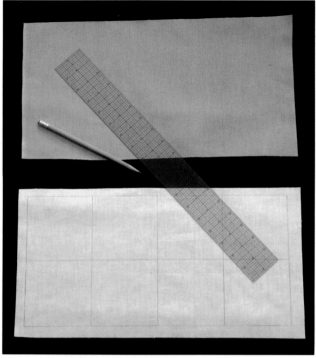

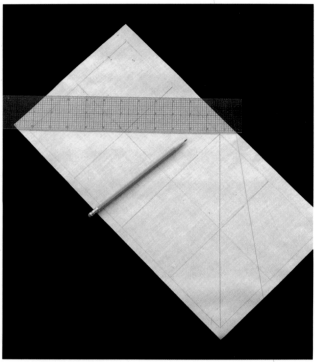

1) Corte un rectángulo de ambas telas. Trace una cuadrícula por el revés de la tela más clara, haciendo los cuadrados 2.2 cm (7/8") más grandes que el triángulo-cuadrado ya terminado. Cada cuadrado forma dos triángulos.

2) Trace líneas diagonales por la cuadrícula, como se indica.

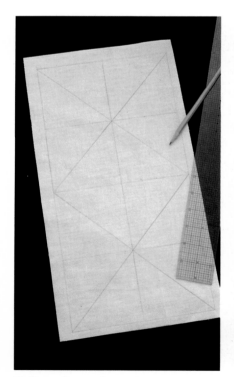

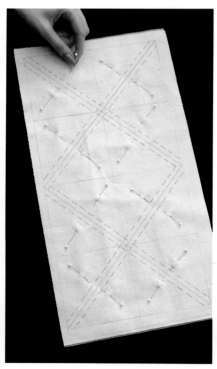

3) Trace líneas diagonales en dirección opuesta.

4) Señale con líneas punteadas la parte donde coserá, dejando 6 mm (1/4") a ambos lados de todas las líneas diagonales. Prenda las telas con alfileres, derecho con derecho.

5) Cosa por las líneas punteadas. Corte por las líneas continuas para formar los triángulos-cuadrados. Planche las pestañas hacia la tela más oscura. Recorte las puntas.

Cómo hacer un bloque de rehilete

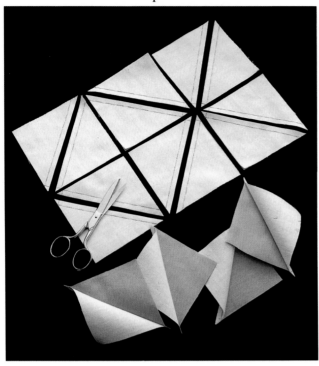

1) Corte un rectángulo de 20 × 40 cm (7³/₄" × 15¹/₂") de ambas telas. Trace una cuadrícula de 9.7 cm (3⁷/₈") igual que en el paso 1 de la página opuesta. Trace las líneas diagonales, cosa y corte como en los pasos 2 al 5 de la misma página, formando 16 cuadrados de dos triángulos.

2) Una dos cuadrados con triángulos, derecho con derecho, como se indica. Repita con otros dos. Planche las pestañas hacia la tela más clara. Cosa juntas dos unidades para formar un rehilete casando las puntas. Mantenga las pestañas en direcciones alternas para eliminar el bulto en los extremos. Repita para los otros tres rehiletes.

3) Una dos rehiletes. Repita con los dos restantes. Planche las costuras en direcciones alternadas.

4) Haga la costura restante para completar el bloque. Planche las pestañas hacia un lado. Suelte un poco las puntadas en los centros de los rehiletes para que las pestañas queden lisas, si es necesario, como se indica en la página 77, paso 10.

Cómo coser los diseños con rombos

Con frecuencia se utilizan rombos para hacer diseños de estrellas. Hay que escoger telas que tengan un estampado general o un color liso y no telas con dibujos en una dirección o rayas, de modo que no tenga que preocuparse por la dirección del diseño al unir las piezas.

Hay que cortar los rombos con mucho cuidado para asegurarse de que los ángulos sean exactos. Las instrucciones de corte de la página opuesta son para rombos con ángulos

de 45°. Para otras formas de rombos que se utilizan en el acolchado es indispensable tener plantillas para cortarlas con exactitud. Puesto que los rombos se cortan al bies, cuide de no estirar las orillas al coser.

Las instrucciones para el diseño de acolchado de Estrella de ocho puntas (página opuesta) le darán un bloque terminado de 30.5 cm (12").

Cómo cortar rombos

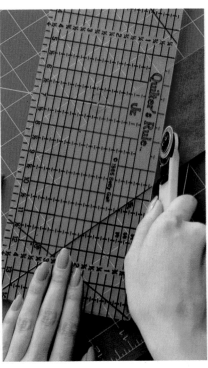

1) Corte tiras (página 57) del ancho del rombo terminado, aumentando 1.3 cm (½"). Encime tres o cuatro tiras, casando las orillas exactamente. Acomode sobre la superficie de corte a lo largo de una recta.

2) Acomode la regla a un ángulo de 45° respecto al largo de la tela; sujete la regla firmemente y corte.

3) Deslice la regla sobre la tela, alineando la orilla de la tela con la señal de medida que es igual al ancho de la tira; sujete firmemente y corte. Rectifique frecuentemente la exactitud del ángulo.

Cómo hacer el bloque para la Estrella de ocho puntas

1) Corte ocho rombos de 7.5 cm (3") de una tira de 7.5 cm (3") de ancho, arriba, para formar la estrella.

2) Corte cuatro cuadrados de 10 cm (4") y uno cuadrado de la tela de fondo de 15.7 cm (6¼"). Corte el cuadrado grande en dos diagonalmente y después corte diagonalmente en la otra dirección, para formar cuatro triángulos.

(Continúa en la siguiente página)

Cómo hacer el bloque para la Estrella de ocho puntas (continuación)

3) Señale por el revés de las piezas a 6 mm (¹/₄") el lugar donde las costuras se cruzan, haciendo puntos en la esquina derecha de cada triángulo, en ambas esquinas de cada rombo y en una esquina de cada cuadrado.

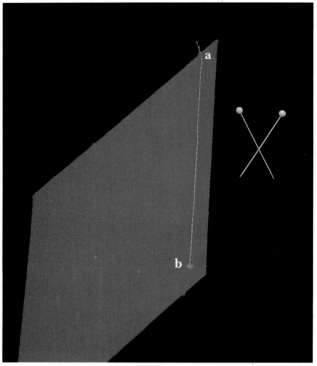

4) Acomode dos rombos alineándolos por un lado, derecho con derecho, casando las puntas interiores **a)** y los puntos **b)**. Cosa desde la punta interior exactamente hasta el punto, remate. Repita para el resto de los rombos.

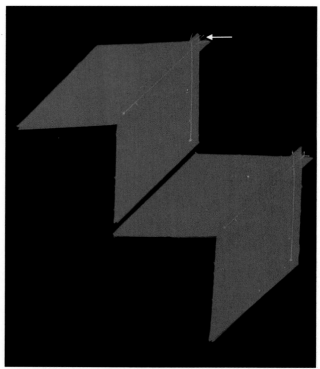

5) Cosa dos unidades de dos rombos, derecho con derecho, como en el paso 4, doblando las pestañas en direcciones opuestas (flecha). Repita para las otras unidades.

6) Acomode dos unidades de cuatro rombos, derecho con derecho. Prenda, casando las puntas interiores en el centro. Doble las pestañas de cada unidad de cuatro rombos en direcciones opuestas para disminuir el bulto. Cosa entre los puntos, rematando las costuras en los extremos. No planche.

7) **Aline**e el lado corto del triángulo con un rombo, derecho con derecho, casando las orillas en el punto exterior **a)** y los puntos en el ángulo que queda al interior **b)**. Cosa desde la orilla exterior exactamente hasta el punto, *con el lado del rombo hacia arriba;* remate la costura.

8) **Acomode** el lado restante del triángulo con el rombo adjunto y haga la costura como en el paso 7, *con el lado del triángulo hacia arriba*. Repita para los triángulos restantes, cosiéndolos entre uno y otro juego de puntas de la estrella.

9) **Acomode** los cuadros en los rombos, entre los puntos restantes de la estrella, casando las orillas en el punto exterior **a)** y los puntos en la esquina interior **b)**. Cosa con *el lado del rombo hacia arriba*, como en el paso 7. Acomode los lados restantes de los cuadrados y rombos, cosiendo *con el cuadrado hacia arriba*.

10) **Afloje** ligeramente las puntadas en las pestañas en el centro de la estrella para que las pestañas queden planas. Planche por el revés, del centro hacia afuera.

Cómo coser los diseños con curvas

Algunos diseños tradicionales de acolchados se basan en piezas curvas. Las curvas son las piezas más difíciles de fragmentar, pero mientras más suave sea la curva, más fácil será unirla. Los diseños más complicados con curvas generalmente se logran con aplicaciones (páginas 82 a 84).

Se requieren plantillas para cortar los diseños curvos. Se pueden conseguir en las tiendas especializadas y por correo, aunque también se pueden hacer las plantillas propias cortándolas de cartón grueso o materiales de plástico para plantillas. Las plantillas para los diseños unidos a máquina incluyen pestañas de 6 mm (¹/₄"). Cerciórese mientras traza y corta las plantillas de que las orillas están lisas y los tamaños son exactos.

El diseño de curvas y rectas es un modelo curveado fácil de cortar. Los cuadrados cortados se pueden acomodar de muchas maneras diferentes. En la página opuesta aparecen tres diferentes maneras de acomodarlos. El método para cortar las plantillas y tela para el diseño de curvas y rectas puede utilizarse para cortar cualquier modelo de piezas curvas unidas a máquina.

Las instrucciones para el bloque de diseño de curvas y rectas (páginas 80 y 81) le sirven para un bloque terminado de 30.5 cm (12").

Patrón para la plantilla con curvas y rectas

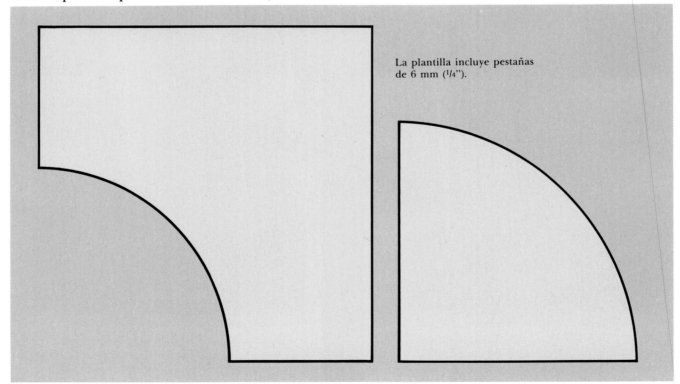

La plantilla incluye pestañas de 6 mm (¹/₄").

Dibuje el patrón en papel grueso, de tamaño real, para trazar y cortar la plantilla (página 80).

Cómo cortar las plantillas y la tela para un bloque de acolchado con curvas y rectas

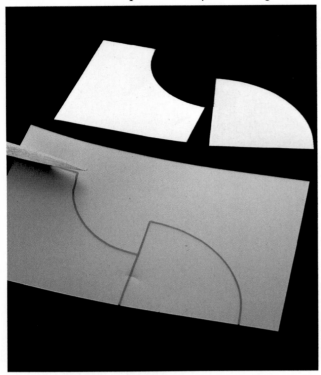

1) Trace el molde de la plantilla (página 78) con toda exactitud sobre papel para dibujo y corte. Coloque sobre carbón o plástico para plantillas; dibuje el contorno. Corte con precisión.

2) Acomode la plantilla sobre la tela; trace. Corte la tela sobre la línea marcada, ya sea con tijeras o cuchilla rotatoria.

Cómo hacer el bloque con curvas y rectas

1) Corte ocho cuadrados de 9 cm (3¹/₂") y ocho de 6.5 cm (2¹/₂") de cada una de las dos telas.

2) Acomode la plantilla grande sobre un cuadrado grande, casando exactamente las orillas; trace la curva. Repita para los cuadros grandes restantes. Corte por las líneas marcadas. Descarte los sobrantes. Repita para los cuadros pequeños utilizando la plantilla pequeña.

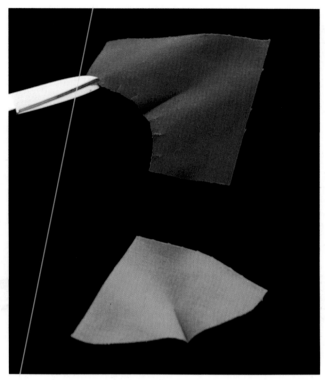

3) Doble cada pieza a la mitad y presione con los dedos para señalar el punto medio en la orilla curva. Haga pequeños cortes en las pestañas a lo largo de las líneas curvas de las piezas grandes, separándolos 1 cm (³⁄₈"), y dando una profundidad a los cortes de apenas 6 mm (¹⁄₄").

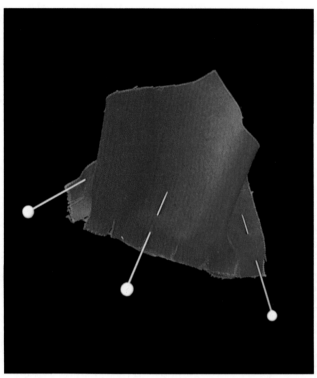

4) Prenda una pieza grande y una pequeña de diferentes telas, derecho con derecho, casando los dobleces del centro. Prenda por las esquinas y acomode las orillas.

5) Cosa, con la pieza grande encima, acomodando las orillas cortadas conforme cose. Planche la pestaña de costura con los dedos hacia la pieza más grande. Repita para el resto de las piezas.

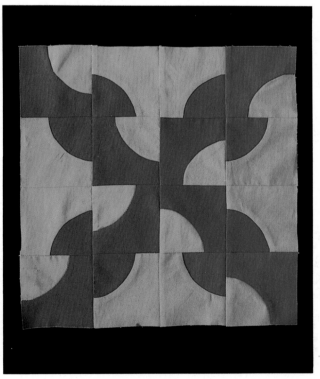

6) Acomode las piezas en el diseño, cuatro a lo ancho y cuatro a lo largo. Cosa primero en hileras de cuatro y una después las hileras para completar el cuadro. Planche.

Aplicaciones

Los acolchados con aplicaciones requieren tradicionalmente largas y cansadas horas de labor a mano. Los métodos de costura rápida a máquina, sin embargo, ahorran tiempo sin sacrificar el acabado final del preciado objeto.

Puesto que las aplicaciones tienen con frecuencia formas curvas e irregulares, por lo general hacen falta plantillas para trazar las figuras en la tela. Las plantillas para las aplicaciones se forman de cartón y se cortan al tamaño y

forma exactas de la aplicación terminada. Las plantillas no incluyen márgenes para pestañas, las que se cortan aumentando 6 mm (¹/₄") a la figura al cortarla. Las pestañas se planchan alrededor de la plantilla antes de coser la aplicación, utilizando almidón en rociador para fijar las pestañas planchadas en su lugar.

La aplicación se cose a la tela de fondo con la puntada invisible de la máquina de coser. Utilice para ello el prensate-

las de usos generales o un prensatelas de usos especiales con una placa del transportador de usos generales. Para coser las puntadas invisibles, utilice hilo de monofilamento de nailon en la aguja y en la bobina uno que armonice con la tela de fondo. Afloje la tensión del hilo de la aguja de modo que el hilo de la bobina no sea visible por el derecho de la tela y ajuste el ancho de la puntada dejándola de 1.5 mm (¹/₁₆"). Pruebe el ajuste de la puntada en una aplicación de prueba.

Es importante que la tela de fondo esté lisa mientras cose. Un trozo de estabilizador desprendible bajo la tela de fondo mientras cose le ayuda a que la tela no se frunza.

Al planchar las aplicaciones cosidas con monofilamento de nailon, utilice la placa de la plancha y una temperatura baja para el vapor, para que el hilo no se derrita.

Cómo coser las aplicaciones

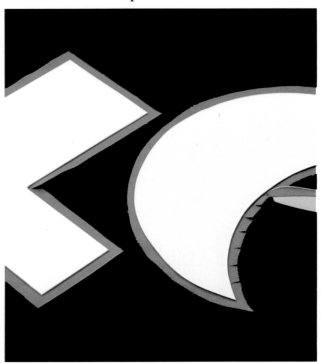

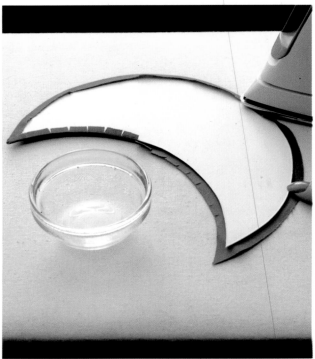

1) Corte la plantilla del tamaño de la aplicación *ya terminada*. Coloque la plantilla sobre la tela. Corte alrededor de la plantilla con una cuchilla rotatoria, aumentando 6 mm (¹/₄") de pestaña. Haga pequeños cortes en la curva interior y en las esquinas, casi hasta llegar a la plantilla.

2) Rocíe almidón en un plato pequeño; aplique un poco de almidón a partes pequeñas de la pestaña. Planche con la punta de la plancha, sobre la orilla de la plantilla. Con plancha seca, planche hasta que el almidón seque. Continúe alrededor de la aplicación. Quite la plantilla y planche la aplicación con el derecho hacia arriba.

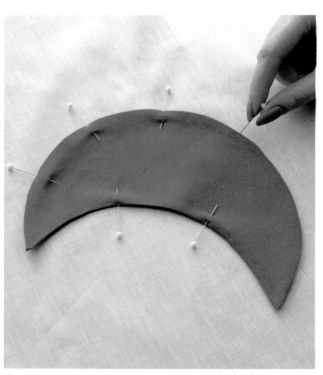

3) Prenda o hilvane la aplicación a la tela de fondo.

4) Ajuste la máquina (página 83). Cosa con puntada invisible lo más cerca de la aplicación que sea posible, apenas sujetando la aplicación con la puntada más amplia de esta costura invisible. Lleve el ajuste de largo de puntada a 0 y de tres o cuatro puntadas para fijar bien los extremos. (Se utilizó hilo contrastante para destacar el detalle).

Tápiz acolchado con Corazones de arlequín

Si sigue las instrucciones para hacer los bloques de diseño de las (páginas 86 y 87), puede hacer un atractivo tapiz acolchado con el motivo de Corazones de arlequín. Para completar la labor, confeccione una cenefa con ingletes en las esquinas (página 94).

Para hacer un acolchado cuadrado de 68.5 cm (27") de Corazones de arlequín, necesita 0.26 cm (¼ yd) de cada una de seis telas que armonicen, tres oscuras y tres claras, para los corazones. Para el fondo claro y para la cenefa necesita 0.50 m (½ yd) de tela clara, y para la cenefa, tela de fondo y ribete de tela oscura, necesita 0.70 cm (¾ yd). Para el forro necesita 0.80 m ⅞ yd) de tela.

Patrón para la plantilla de Corazones de arlequín

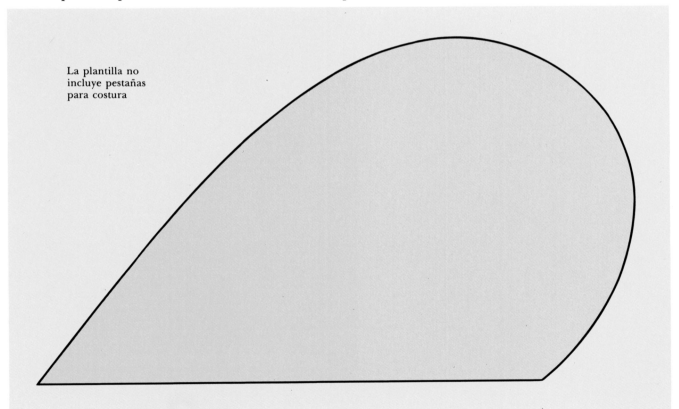

La plantilla no incluye pestañas para costura

Dibuje el patrón de tamaño real en papel para dibujo y corte. Coloque sobre un cartón, trace el contorno y corte la plantilla. Cerciórese, mientras traza y corta la plantilla, de que las orillas están lisas y el tamaño es exacto.

Cómo unir las piezas para los Corazones de arlequín

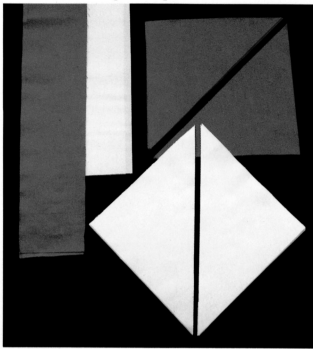

1) Corte una tira de 20.5 × 102 cm (8" × 40") de cada una de las dos telas de fondo; encime las telas, casando las orillas. Corte cinco cuadrados de 20.5 cm (8") de las telas. Corte los cuadros diagonalmente a la mitad para tener diez claros y diez oscuros. Para la cenefa, corte dos tiras de cada tela de 9 × 72.3 cm (3½" × 28½").

2) Encime tres capas de telas claras, con los derechos hacia arriba. Ponga la plantilla sobre las telas, con la orilla derecha al hilo de la tela. Corte todas las capas, aumentando una pestaña de 6 mm (¼") a lo largo de la orilla curva y *no aumente* pestaña en la orilla recta. Siga cortando hasta tener nueve mitades de corazón de la tela clara.

3) Encime tres capas de las telas oscuras, los lados del derecho hacia arriba. *Déle vuelta a la plantilla* y corte nueve mitades de corazón, como en el paso dos. Voltee las pestañas hacia abajo a lo largo de las orillas curvas en todas las mitades de corazón, utilizando la técnica del almidonado (página 84).

4) Prenda una mitad de corazón clara a un triángulo oscuro, con el lado derecho hacia arriba en ambas telas, casando las orillas rectas. Las orillas curvas del corazón quedan a 1.3 cm (½") de los lados del triángulo. Repita ocho veces más para formar nueve unidades.

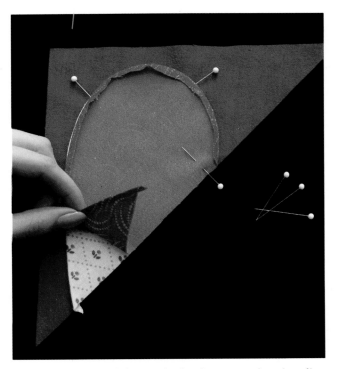

5) Coloque una mitad de corazón de tela oscura sobre el medio corazón claro, derecho con derecho, casando las orillas del corazón. Prenda arriba y abajo, por la línea recta. Repita otras ocho veces.

6) Coloque el triángulo claro con el derecho *hacia abajo*, sobre la unidad de tres piezas y prenda. Cosa a lo largo de las orillas centrales rectas, a través de todas las capas, dejando una pestaña de 6 mm (1/4"). Planche las pestañas hacia el lado oscuro. Repita ocho veces más hasta tener nueve motivos.

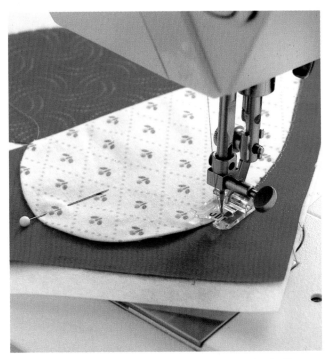

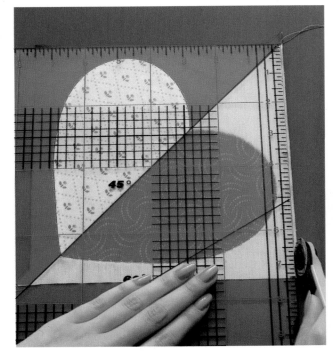

7) Prenda los medios corazones oscuros a la tela de fondo. Ponga debajo del motivo un estabilizador desprendible. Utilice hilo de monofilamento en el aguja y para la bobina use hilo del color de la tela de fondo. Cosa, con puntada ciega (página 84). Repita para los medios corazones claros. (Para destacar el detalle, se utilizó hilo contrastante.

8) Quite el estabilizador. Planche los bloques. Recorte a que queden cuadrados de exactamente 19.3 cm (7 1/2"). Una los bloques, derecho con derecho, en hileras de tres. Cosa las hileras juntas. Aumente la cenefa con esquinas en inglete (página 94).

Franjas y cenefas

Las franjas separan los bloques de diseño de los acolchados y las cenefas la enmarcan. Ambas deben escogerse cuidadosamente.

Las tiras de las franjas se pueden colocar vertical u horizontalmente y diagonalmente en algunos casos. Una vez que se completan los bloques, conviene probar distintos anchos de tela para las franjas. Las franjas pueden ser de colores contrastantes, de la misma tela de fondo, lisas o de retazos.

El diseño de la cenefa hay que escogerlo hasta después que las franjas y bloques estén unidos. Un diseño simple que hace muy bien es una cenefa oscura angosta junto a los bloques con una cenefa más ancha y clara al exterior. Esto resalta las piezas unificando la vista del acolchado.

Franjàs

Las franjas enmarcan los bloques de diseño unificando todo el derecho del acolchado.

También cambian el tamaño del acolchado terminado. Con un pequeño número de bloques cuadrados se puede formar un acolchado grande al aumentar las franjas.

Las franjas lisas van bien cuando el diseño del bloque es complicado. Cuando las franjas se conectan con cuadrados, se añade interés al acolchado. Utilice esta manera de unir los bloques cuando su diseño sea más sencillo. El cuadrado de la franja puede ser cualquier diseño de retacería, como un pequeño cuadro de nueve parches.

Para determinar el número de franjas necesarias, consulte el plan para el derecho del acolchado (página 38).

En las instrucciones que se proporcionan a continuación, no se dan medidas específicas ya que éstas se determinan por el tamaño de los bloques de diseño y las dimensiones del acolchado ya terminado.

Cómo hacer tiras para las franjas lisas

1) Corte las tiras del ancho deseado aumentando 1.3 cm (¹/₂") para pestañas.

2) Mida los diferentes lados de varios bloques del acolchado para determinar la medida más corta y corte las tiras chicas de este tamaño.

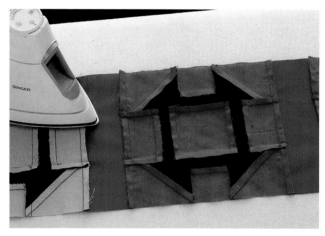

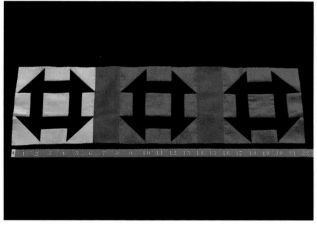

3) Una las tiras pequeñas a los bloques, derecho con derecho formando hileras. No cosa tiras en los extremos de las hileras. Planche las pestañas hacia las franjas.

4) Mida el largo de las hileras para determinar la medida más corta. Corte bandas de este largo.

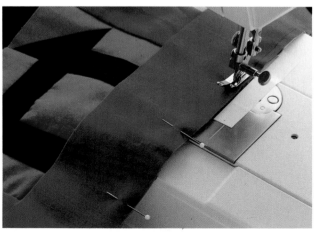

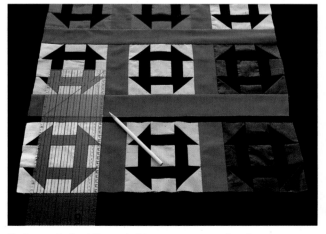

5) Señale los centros de las franjas y las hileras. Acomode una franja larga en la parte inferior de una hilera de bloques, derecho con derecho. Case y prenda los centros y los extremos. Prenda con alfileres todo el largo, desvaneciendo cualquier sobrante y cosa. Repita para las otras hileras, excepto para la inferior.

6) Acomode las hileras de bloques y marque las tiras, como se muestra. Prenda la parte inferior de la franja sobre la parte superior de la siguiente hilera, derecho con derecho. Alinee las marcas con las líneas de costura. Cosa como en el paso 5. Planche las pestañas hacia las franjas. Siga hasta que haya unido todas las hileras.

Cómo hacer tiras para las franjas unidas con cuadros

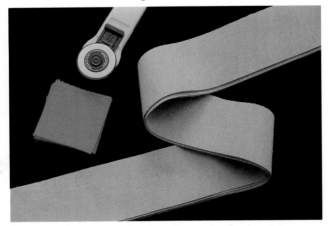

1) Corte las tiras del ancho deseado para las franjas, aumentando 1.3 cm (½") para pestañas de costura. Corte los cuadrados para las esquinas de tela contrastante, del ancho de la franja.

2) Mida todos los lados de varios bloques para determinar la medida más corta y corte franjas de este largo. Cosa las tiras entre los bloques, derecho con derecho, para formar hileras; desvanezca la amplitud. No cosa tiras a los extremos de las hileras. Planche las pestañas hacia las tiras.

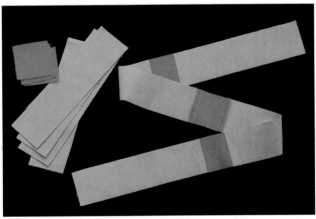

3) Cosa las tiras restantes alternando con los cuadrados con franjas a que tengan un largo igual a la hilera de bloques y franjas. Planche las pestañas hacia las franjas.

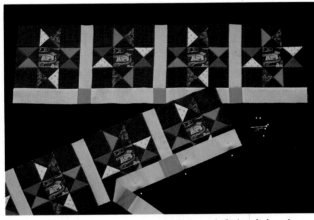

4) Acomode la unidad con franjas en la parte inferior de la primera hilera de bloques, derecho con derecho, casando las costuras. Prenda a lo largo, desvaneciendo cualquier amplitud y cosa. Repita para las hileras restantes, excepto para la hilera inferior.

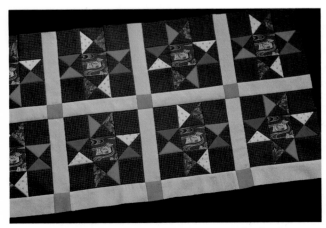

5) Prenda la parte inferior de una tira larga con franja a la parte superior de la siguiente hilera, casando las costuras como en el paso 4. Planche las pestañas de costura hacia la franja. Repita hasta que una todas las hileras.

Otra opción. Haga tableros de ajedrez para conectar las franjas. Seleccione un ancho para las franjas y cuadrados terminados que pueda dividirse fácilmente entre 3. Utilice las instrucciones para los parches de nueve parches con retacería por tiras (página 63).

Cenefas y esquinas

Las tiras para las cenefas se pueden cortar al hilo longitudinal o al transversal de la tela. Al cortarlas a lo ancho se utiliza menos tela, pero con frecuencia hay que añadirlos para obtener el largo necesario.

Si hay que unir las tiras, las costuras pueden ser perpendiculares al ancho de la franja o diagonales; pueden colocarse en el centro de la cenefa o quedar al azar en cualquier lugar de la cenefa. En una tela estampada, las costuras se ven menos que en una tela lisa.

Las esquinas de las cenefas se pueden coser de diferentes maneras. La esquina traslapada es la forma más sencilla. Las esquinas en inglete se utilizan frecuentemente para telas a rayas o con dibujos en las orillas. Las cenefas interrumpidas llevan cuadros contrastantes en las esquinas, como un motivo de nueve parches.

Las cenefas múltiples se utilizan frecuentemente para incorporar más de un color de los del derecho del acolchado. Después de coser la primer cenefa, se añade la segunda cenefa utilizando el mismo método. Si se usan esquinas traslapadas, se encima en la misma dirección en ambas cenefas.

Cómo hacer una esquina traslapada

1) Mida la parte superior e inferior del derecho del acolchado. Corte dos tiras cuyo largo sea igual al de la medida más corta, añada la tela si es necesario. El ancho de las tiras es igual al ancho terminado de la cenefa aumentando 1.3 cm (¹/₂").

2) Prenda la tira a la orilla superior del derecho del acolchado, derecho con derecho, en el centro y en los extremos. Prenda a todo lo largo, desvaneciendo cualquier amplitud. Cosa. Planche la pestaña hacia la cenefa. Repita en la orilla inferior.

3) Mida los lados del derecho del acolchado, incluyendo las tiras de la cenefa. Corte dos tiras, como en el paso 1. Prenda y cosa uniendo a los lados del acolchado como en el paso 2, incluyendo la orilla superior y la inferior al coser.

Cómo hacer una cenefa con esquinas en inglete

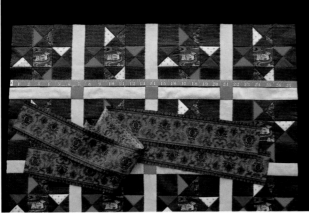

1) Mida las hileras superior e inferior del derecho del acolchado para determinar la medida más corta. Corte dos tiras de largo igual a la medida más corta, más el doble del ancho terminado de la cenefa, aumentando 2.5 cm (1") y de un ancho igual al del ancho terminado de la cenefa más 1.3 cm (½")

2) Señale el centro de la hilera superior y el de la inferior, así como el centro de cada tira para cenefa. De cada extremo de la tira para cenefa, mida el ancho de la cenefa terminada, aumentando 1.3 cm (½"). Case el centro de una tira para cenefa con el centro del derecho del acolchado, derecho con derecho y prenda.

3) Case las marcas en los extremos de la tira con las orillas del derecho del acolchado y prenda. Siga prendiendo toda la orilla, desvaneciendo cualquier abullonamiento. Cosa, empezando y terminando a 6 mm (¼") de las orillas del derecho del acolchado, rematando en los extremos. Repita para la orilla inferior del derecho del acolchado.

4) Repita los pasos 1, 2 y 3 para los lados del derecho del acolchado. Doble diagonalmente el derecho del acolchado, derecho con derecho, casando las líneas de costura y prenda firmemente. Trace una línea diagonal en la cenefa, extendiendo la formada por el derecho del acolchado doblado.

5) Cosa sobre la línea que marcó, sin tomar con la costura las pestañas. Corte el sobrante de la cenefa, dejando una pestaña de 6 mm (¼").

6) Planche las pestañas abiertas en la esquina y planche las pestañas restantes hacia la orilla de la cenefa. Repita para las otras esquinas.

Cómo hacer una cenefa con dibujo en las esquinas

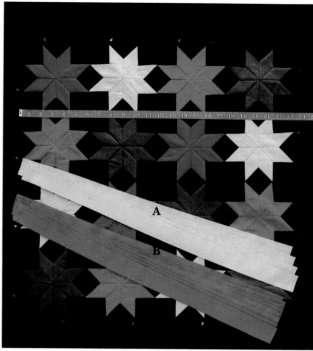

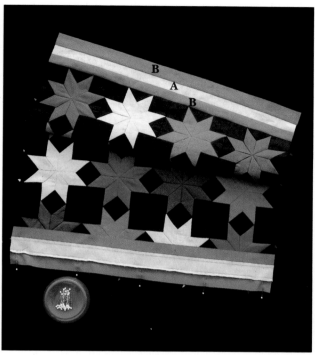

1) Mida las hileras superior e inferior del derecho del acolchado para determinar la medida más corta. Corte cuatro tiras de la tela A y ocho tiras de la tela B, de un largo igual a la medida más corta y de un ancho igual a la tercera parte del ancho determinado de la cenefa más 1.3 cm (½"). Mida los lados del acolchado y corte las tiras como se indica arriba.

2) Cosa uniendo las tiras para formar la parte superior e inferior del derecho del acolchado, para formar dos unidades B-A-B. Prenda una cenefa a la parte superior del acolchado, derecho con derecho, en el centro y extremos, para prender después, acomodando el sobrante. Cosa. Planche la pestaña hacia la cenefa y repita en la parte inferior con la unidad restante.

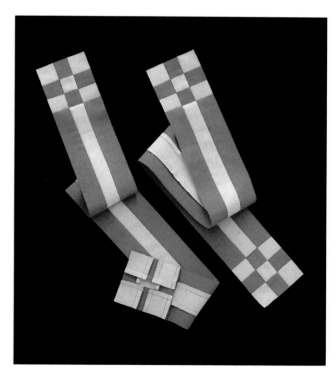

3) Una las telas para los lados, para formar dos unidades B-A-B. Haga cuatro cuadros de tableros (página 63), con la misma medida de ancho que para el paso 1, arriba. Cosa un tablero de ajedrez en cada extremo de la cenefa. Planche las pestañas de costura hacia las cenefas.

4) Prenda y cosa las cenefas en ambos lados del acolchado como en el paso 2, arriba, casando las costuras en las esquinas. Planche las pestañas hacia la cenefa.

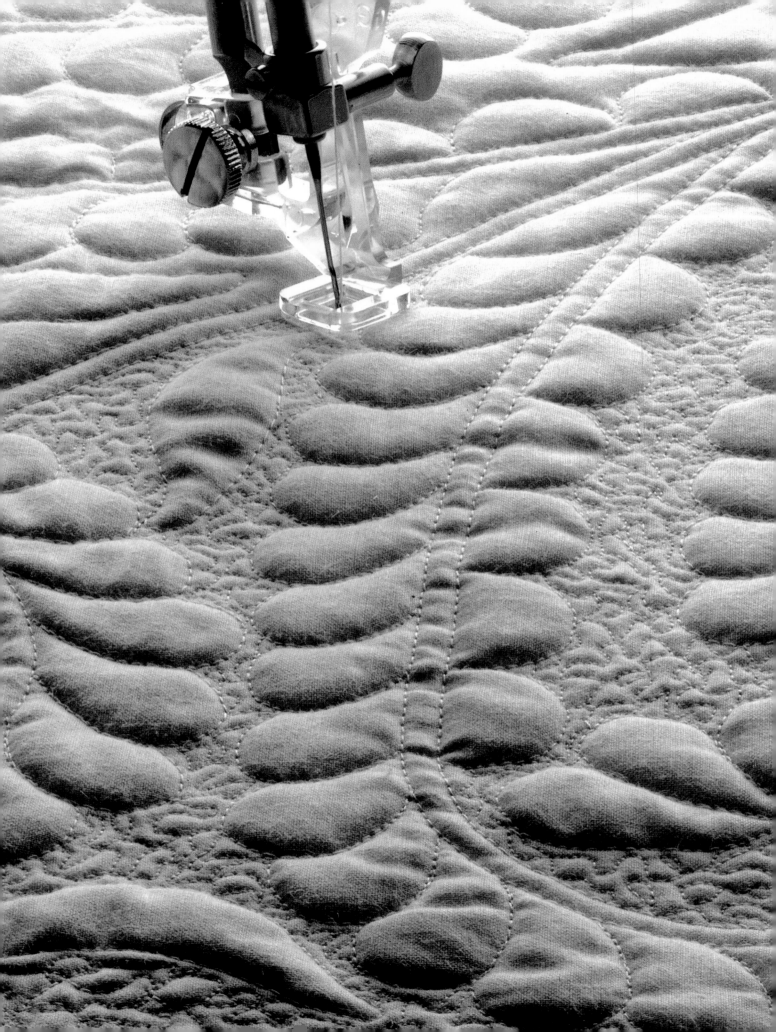

Diferentes acolchados a máquina

El acolchado sostiene juntas tres capas de tela, aumentando el atractivo del diseño. El acolchado a máquina es rápido si se compara con el que se hace a mano. Con la máquina de coser, acolchar una labor le lleva de una cuarta a una tercera parte del tiempo que tardaría en hacerla a mano.

El acolchado a máquina es resistente y las líneas bien definidas de las puntadas resaltan el diseño del acolchado. Las costuras a máquina son más apretadas y comprimen el relleno más que las costuras hechas a mano, proporcionando más profundidad y textura.

Trate de que el diseño del acolchado cubra uniformemente la superficie. Ya sea que acolche de un modo compacto o espaciado, distribuya las puntadas en forma pareja en toda la vista. Las áreas con mucho acolchado tienden a encogerse más que las ligeramente acolchadas.

Hay tres tipos básicos de acolchado: atado **a),** guiado a máquina **b)** y guiado a mano **c).**

El atado es una forma rápida y fácil de terminar un edredón. También resulta la mejor manera de mantener la frisa en un relleno grueso. Tradicionalmente los acolchados se ataban a mano con estambre o hilo grueso, pero se puede obtener un aspecto similar cosiendo a máquina.

En el acolchado guiado a máquina, el impelente y el prensatelas son los que impulsan la tela. Este método se utiliza para hileras largas de costuras rectas.

En el acolchado guiado a mano, la tela se desplaza a mano y no se utiliza el prensatelas ni impelente.

Tanto en el acolchado guiado a máquina como en el guiado a mano, las puntadas constituyen una parte integral del diseño del acolchado y hay que planearlos cuidadosamente. El acolchado debe reforzar o complementar el diseño de las piezas o aplicaciones, así como formar motivos atractivos por el revés del acolchado.

Cómo marcar el diseño para acolchar

Los diseños para acolchar deben marcarse por el derecho del acolchado, a menos que el diseño siga las líneas de las piezas o las de las aplicaciones, como en el resalte o acolchado de contorno.

Pruebe las herramientas para marcar en las telas del acolchado antes de trazar el diseño. Cerciórese de que las marcas resisten el manejo, doblado y enrollado y se pueden quitar con cepillo, borrándose o lavándolas al terminar el acolchado.

Es más fácil trazar el derecho del acolchado antes de hilvanar las capas juntas. Acomode el derecho del acolchado en una superficie plana y dura y trace el diseño con precisión, con una línea clara y delgada.

Si está utilizando una plantilla para transferir el diseño en una cenefa, marque primero las esquinas. Si el diseño de motivos repetidos no se ajusta, modifique el largo de varios motivos conforme sea necesario. Puede utilizar un sólo motivo en las esquinas de la cenefa o marcar las líneas que se intersequen en el acolchado acanalado (página 111), para que formen una rejilla.

Las guías que se utilizan para marcar las líneas del acolchado son reglas y plantillas de plástico.

Cómo marcar el diseño para acolchar

1) Planche el derecho del acolchado y acomódelo en una superficie de trabajo dura y plana, con las esquinas en escuadra y los lados paralelos. Pegue asegurándolo bien, conservando el derecho del acolchado liso y estirado.

2) Marque el diseño para el acolchado utilizando una regla o plantilla como guía, comenzando por las esquinas. Haga líneas claras y delgadas, con el toque más ligero posible.

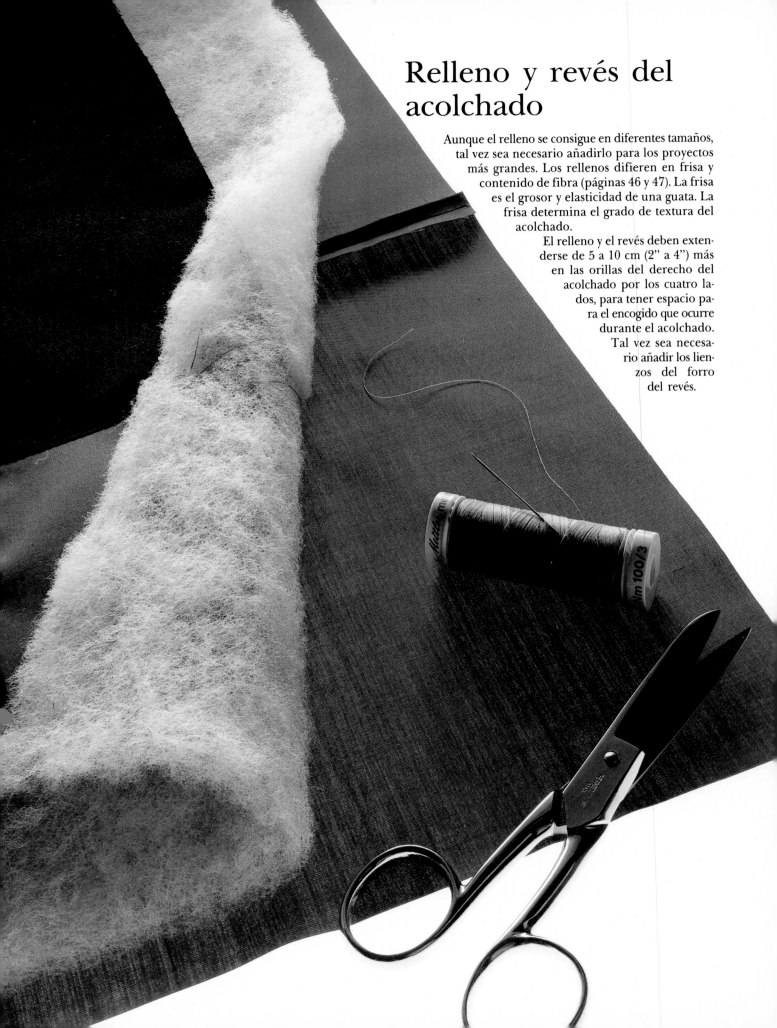

Relleno y revés del acolchado

Aunque el relleno se consigue en diferentes tamaños, tal vez sea necesario añadirlo para los proyectos más grandes. Los rellenos difieren en frisa y contenido de fibra (páginas 46 y 47). La frisa es el grosor y elasticidad de una guata. La frisa determina el grado de textura del acolchado.

El relleno y el revés deben extenderse de 5 a 10 cm (2" a 4") más en las orillas del derecho del acolchado por los cuatro lados, para tener espacio para el encogido que ocurre durante el acolchado.

Tal vez sea necesario añadir los lienzos del forro del revés.

Cómo añadir la guata y la tela del revés

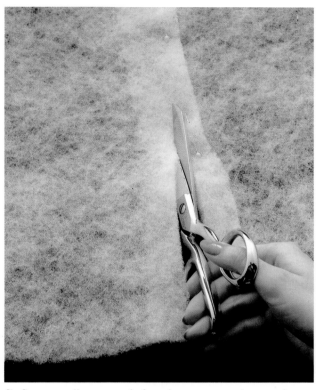

Relleno. 1) Traslape dos piezas de guata 2.5 a 5 cm (1" a 2").

2) Corte con tijeras a través de ambas capas por el centro de la sección traslapada.

3) Quite las orillas recortadas. Cosa a mano con surjete juntando las orillas.

Forro. Corte los orillos de la tela. Haga los cortes necesarios en la tela, dejando las costuras como se indica en la página 41. Cosa, con un largo de 12 a 15 puntadas por cada 2.5 cm (1") y dejando pestañas de 6 mm (¹/₄"). Planche las pestañas hacia un lado o abiertas.

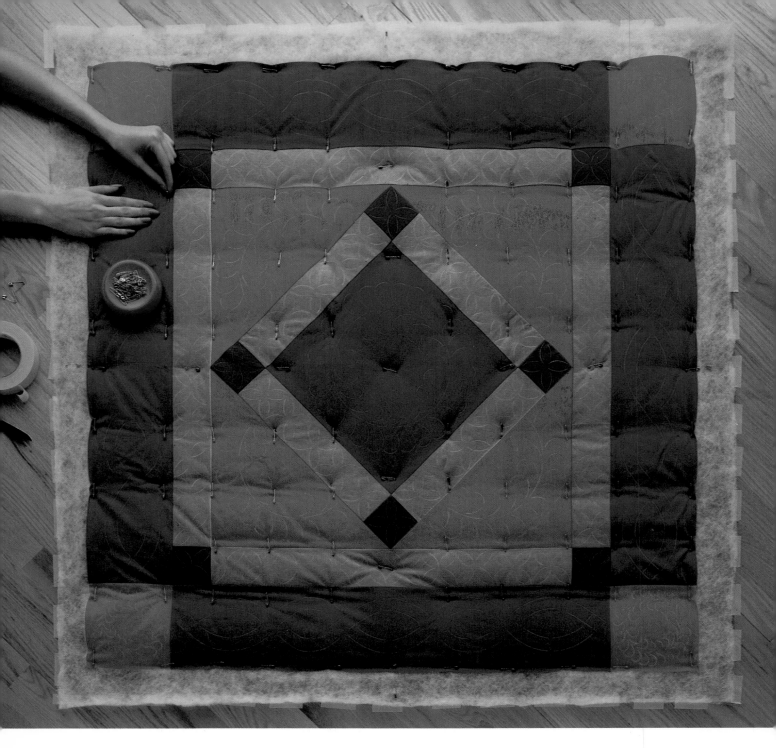

Hilvanado de las capas antes de acolchar

El hilvanado impide que las tres capas del acolchado se muevan durante el proceso de acolchado. Tradicionalmente los acolchados se hilvanaban con aguja e hilo. Sin embargo, se puede hacer el hilvanado con alfileres de seguridad. Acomode el acolchado plano en una superficie firme, como el piso o una mesa grande e hilvánelo todo. También puede hilvanar el acolchado por partes sobre una mesa que mida por lo menos la cuarta parte del tamaño del acolchado.

Planche el derecho del acolchado y la tela del forro antes de acomodar las capas e hilvanarlas. Si utiliza alfileres

de seguridad para el hilvanado, hágalo con alfileres inoxidables de acero de 2.5 cm (1"). Éstos se deslizan a través de las telas con mayor facilidad que los de latón y el tamaño de 2.5 cm (1") es más fácil de manejar.

Si hilvana con hilo, utilice hilo blanco de algodón y una aguja grande de sombrerero o para remendar. Hilvane con una puntada grande, de alrededor de 2.5 cm (1") de largo. Apriete las puntadas para que las capas no se deslicen. Remate en los extremos para asegurar las puntadas.

Cómo hilvanar un acolchado en una superficie de mayor tamaño que el acolchado

1) Doble el acolchado en cuatro partes y ponga derecho con derecho, sin marcar el doblez. Señale el centro de cada lado en las orillas cortadas usando alfileres de seguridad. Repita la operación para el relleno y el revés, doblándolo revés con revés.

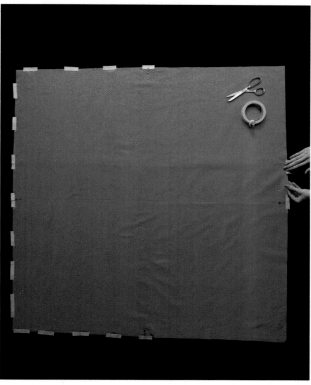

2) Desdoble el revés sobre la superficie de trabajo, con el revés hacia arriba. Pegue empezando en el centro de cada lado y trabajando hacia las esquinas, estirando ligeramente la tela. La parte del revés debe estar liso, pero no demasiado estirado.

3) Acomode el relleno sobre el revés, casando los alfileres de seguridad en cada lado. Alise pero no estire, trabajando del centro hacia los lados.

4) Ponga el derecho del acolchado con el derecho hacia arriba, acomodándola sobre el relleno, casando los alfileres de seguridad a cada lado. Alise pero no estire.

(Continúa en la siguiente página)

Cómo hilvanar un acolchado en un superficie de mayor tamaño que el acolchado (continuación)

5) Hilvane con alfileres o hilo partiendo del centro del acolchado hacia los alfileres de seguridad en los lados. Si hilvana con hilo, apriete las puntadas para que las capas no se deslicen una sobre otra. Evite hilvanar sobre las líneas de acolchado o en las costuras.

6) Hilvane una cuarta parte del acolchado en hileras paralelas separadas alrededor de 15 cm (6"), cosiendo hacia las orillas cortadas. Si está hilvanando con hilo, hilvane también la cuarta parte en hileras paralelas en dirección opuesta, como se indica en el paso dos de la página opuesta.

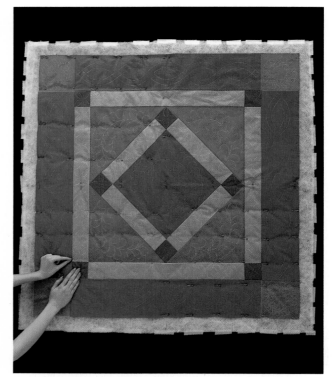

7) Repita el paso 6 para las otras tres secciones. Quite la cinta adhesiva del revés.

8) Doble las orillas del revés sobre el relleno y orillas del derecho del acolchado para evitar que las orillas cortadas de la tela se deshilachen y que el revés se atore en la aguja y placa de alimentación mientras acolcha. Hilvane con alfileres.

Cómo hilvanar un acolchado en una superficie de menor tamaño que el acolchado

1) Doble y señale el acolchado como en el paso 1, página 103. Acomode el forro sobre la mesa de trabajo, con el revés hacia arriba. Deje que los lados caigan sobre la orilla de la mesa de trabajo. Pegue las orillas cortadas del forro a la mesa. Sujete el revés firmemente a la mesa, estirando un poco, empezando el centro de cada lado y trabajando hacia las esquinas, poniendo las pinzas a 30.5 cm (12") de distancia unas de otras.

2) Acomode la guata sobre el forro, casando los alfileres en cada lado. Acomode el acolchado con el derecho hacia arriba sobre la guata, casando los alfileres a cada lado. Alise pero no estire. Hilvane una cuarta parte del acolchado como en los pasos 5 y 6 en la página opuesta. Quite la cinta adhesiva y las pinzas.

3) Mueva el acolchado para hilvanar la siguiente cuarta parte. Pegue las orillas cortadas del forro en la mesa, estirando ligeramente; sujete con pinzas todas las capas del acolchado a las orillas de la mesa. Hilvane esta cuarta parte como se indica en los pasos 5 y 6 en la página opuesta.

4) Repita para las secciones restantes. Revise si no quedaron pliegues en el forro, hilvane de nuevo lo que sea necesario. Doble e hilvane con alfileres como en el paso 8 en la página opuesta.

Bases del acolchado a máquina

Cuando se acolcha a máquina es necesario enrollar o doblar el acolchado para que pase bajo la cabeza de la máquina de coser e impedir que cuelgue sobre la orilla de la mesa. En ocasiones, hay que ampliar la superficie de costura para sostener el acolchado (página 53). Mantenga siempre la parte más grande del acolchado a la izquierda de la cabeza mientras va cosiendo. Conforme cose del centro hacia las orillas, habrá menos tela que pasar bajo la cabeza de la máquina, lo que facilita el manejo del acolchado.

Para acolchar se usa el hilo de algodón o monofilamento de nailon (página 50). Si utiliza monofilamento, ensarte sólo la aguja y para la bobina emplee un hilo que combine con la tela de fondo. Afloje la tensión del hilo de la aguja para que el hilo de la bobina no se vea por el derecho de la costura.

Al acolchar a máquina, procure hacer costuras continuas, disminuyendo las interrupciones hasta donde le sea posible. Revise si quedan pliegues por el revés sintiendo a través de las capas de tela por delante de la aguja de la máquina. Evite coser las alforzas desvaneciendo continuamente la tela sobrante antes de que llegue a la aguja. Si hay un doblez, quite 7.5 cm (3") o más de costura y cosa de nuevo desvaneciendo la tela cuidando que no se repita.

Secuencia del acolchado

Determine la secuencia del acolchado antes de que empiece a coser. Acolche primero las secciones más largas o amplias, trabaje del centro hacia las orillas. Por ejemplo, para un acolchado con franjas, acolche las bandas antes de los cuadros, comience con las franjas al centro y trabaje hacia las franjas laterales. Esto le ayuda a fijar las capas en todo el acolchado para que no se muevan.

Después, acolche las áreas dentro de los motivos que no van muy acolchados, como los dibujos. Pase después a las áreas más pequeñas o aquellas que llevan un acolchado más denso.

La secuencia para el acolchado varía según el estilo de acolchado. Para las que tienen cuadros uno al lado del otro, fije las capas en todo el acolchado cosiendo en la unión de las puntadas entre los motivos de las hileras verticales y horizontales. Si se trata de un acolchado de medallón, cosa en la unión de las puntadas a lo largo de la costura de la cenefa para fijar las capas y coser después el área central.

Cómo preparar un acolchado grande para acolchar a máquina

1) Acomode el acolchado a que quede plano, con el derecho hacia arriba. Si el acolchado tiene relleno de poliéster, enrolle un lado hasta 5 a 7.5 cm (2" ó 3") de la línea del hilván central. Si es necesario, asegure el rollo con alfileres de seguridad grandes. Si se trata de acolchados con guata de algodón, doble un lado con pliegues de acordeón ya que se queda así sin necesidad de alfileres.

2) Enrolle o doble el otro lado, como en el paso 1 si es que la superficie no es lo bastante grande para que el resto del acolchado quede plano.

3) Doble el acolchado ligeramente a lo largo, en forma de acordeón a que forme un bulto que acomode en su regazo.

4) Vaya jalando el acolchado de su regazo, parte por parte para que quede a la altura de la aguja mientras cosa. No deje que la colchoneta cuelgue ni por la parte trasera ni por la lateral de la mesa de costura.

Sugerencias para acolchar

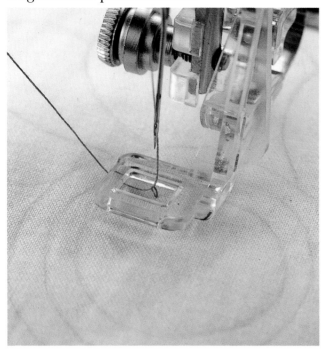

Jale el hilo de la bobina hacia el derecho del acolchado dándole vuelta a mano al volante y deteniéndose cuando la aguja quede en la posición más elevada. Jale el hilo de la aguja para traer el hilo de la bobina hasta arriba a través de la tela.

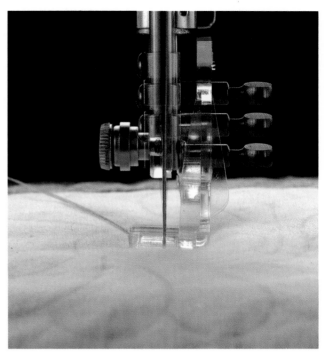

Cosa en un mismo lugar varias veces para asegurar las puntadas al principio y al final de las líneas de costura cuando se trate de costura libre. Si el acolchado se va a hacer guiándose por la máquina, comience a coser con un largo de puntada a 0. Aumente gradualmente el largo de la puntada en una distancia de 1.3 cm (½") hasta que tenga el largo deseado. Haga el procedimiento inverso al final de la línea de costura.

Acolchado guiado a mano. Acomode las manos para que rodeen el aguja como un aro de bordar. Presione suavemente hacia abajo y jale hacia afuera para crear cierta tensión en la tela. Mueva la tela con movimientos de las manos y muñecas conforme va cosiendo. Descanse cómodamente los codos sobre la mesa de costura mientras cose. Si sube los codos recargándolos en libros, puede ayudarle.

Acolchado guiado a máquina. Acomode las manos a ambos lados del prensatelas. Presione suavemente hacia abajo y sostenga la tela bien estirada para evitar que las capas se deslicen una sobre otra formando frunces o pliegues. Conforme cose, deslice la tela sobrante bajo el prensatelas.

Capitoneado
a máquina

Cuando se utiliza un relleno de frisa alta, capitonee a máquina para conservar éste. La colchoneta o edredón puede fijarse a máquina con una puntada de zigzag o una decorativa, o fijándole listones o estambre.

Señale el lugar de los nudos en el derecho del acolchado desde antes de hilvanarlo al relleno y al revés. Alterne las hileras de moños para dar mayor interés y resistencia. Espacie los nudos aproximadamente 12.5 cm (5").

Tres maneras de capitonear a máquina

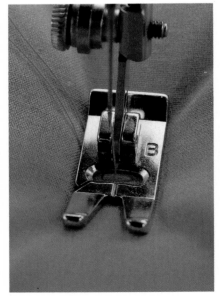

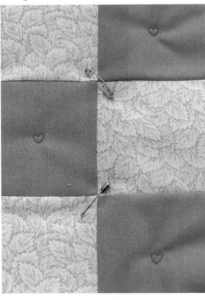

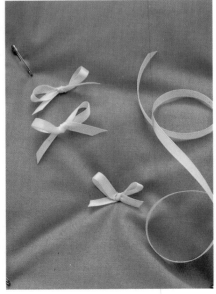

Puntada de zigzag. Ajuste el largo y ancho de puntada a 0. Sujete ambos hilos detrás del aguja, cosa varias veces a través de todas las capas de tela. Ajuste el ancho de puntada a más ancho, cosa 8 ó 10 puntadas. Regrese el ancho de la puntada a 0 y cosa varias veces. Corte los hilos.

Puntada decorativa. Utilice una puntada decorativa en lugar de una de zigzag para asegurar las diferentes capas del acolchado. Ajuste el largo y ancho de la puntada para un diseño agradable. Al principio y fin de la puntada decorativa, cosa varias veces en un mismo lugar.

Listón o estambre. Corte tramos de 7.5 a 15 cm (3" a 6") para cada moño. Haga el lazo. Centre el moño sobre la marca correspondiente y cósalo con puntada de zigzag como se indica a la izquierda.

Acolchado guiado a máquina

El acolchado guiado a máquina aprovecha la presión del impelente y del prensatelas para hacer pasar las tres capas de tela por la máquina. El prensatelas Even Feed^{MR} ayuda a evitar los pliegues al acolchar.

El acolchado guiado a máquina se utiliza para hacer hileras largas de acolchado. Generalmente se usa una costura recta, pero cualquiera da el mismo resultado, incluyendo las puntadas decorativas. Practique en una muestra para encontrar el largo adecuado de puntada y el ancho que debe tener. Separe las líneas de costura según el tipo de relleno que use (página 46).

El acolchado en cuadrícula a) se forma haciendo costuras simétricas en líneas paralelas. Éstas pueden ser diagonales en ambas direcciones o verticales y horizontales. Las líneas para el acolchado diagonal se marcan como en la página 112. Posiblemente quiera trazar la cuadrícula en papel antes de marcar la vista de la colchoneta para familiarizarse con la técnica. El papel se puede cortar al tamaño del acolchado o a escala.

El acolchado en la unión de las costuras b) destaca el diseño de retacitos porque se cose siguiendo las líneas de costura de los motivos, a lo ancho y largo del acolchado.

Acolchado de contorno c). También destaca el diseño en piezas. Se cose a 6 mm (¹/₄") de las líneas de costura, siguiendo el contorno de las piezas o bloques de diseño. El acolchado de contorno se puede hacer guiándolo a máquina o a mano. El guiado a máquina se utiliza cuando la labor es lo bastante pequeña para darle la vuelta con facilidad. Si hay líneas de costura que cambian mucho de dirección, como pequeños cuadrados o triángulos, resulta más fácil acolchar guiando a mano (páginas 114 y 116).

El acolchado acanalado d) se cose separando las líneas en forma paralela. Las líneas del acolchado pueden ser diagonales, verticales u horizontales. Las líneas de acolchado se pintan utilizando una regla, como en la página 99.

Cómo hacer una cuadrícula en diagonal

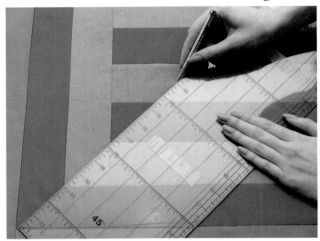

1) Pegue con cinta el derecho del acolchado a una superficie plana y señale las líneas de acolchado antes de hilvanarlo. Señale la primera línea a un ángulo exacto de 45° respecto a la orilla del diseño, empezando en una esquina. Continúe la línea hasta la otra orilla del diseño en el lado opuesto.

2) Señale una línea del final de la línea anterior hasta la orilla opuesta, conservando las líneas marcadas a un ángulo de 45° respecto a la orilla del diseño y de 90° respecto a las otras líneas. Siga marcando las líneas de esta manera hasta que cada línea llegue a una esquina.

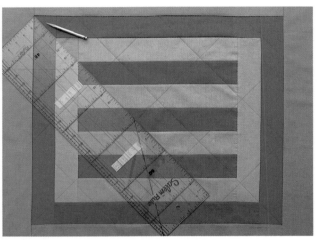

3) Señale una línea, comenzando en otra esquina, si es que las líneas no han completado el diseño de rejilla y siga señalando líneas hasta, terminar la rejilla.

4) Señale líneas adicionales para acolchado entre las marcas de la rejilla y paralela a las líneas anteriores cuando desee formar cuadros más pequeños.

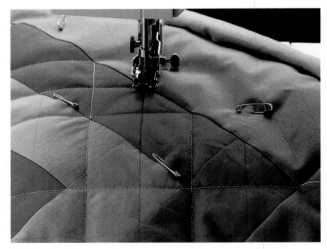

5) Acomode las capas del acolchado juntas e hilvánelas (páginas 103 a 105). Cosa sobre las líneas marcadas, comenzando en una esquina.

6) Cosa las líneas en la misma secuencia que las marcó, girando la tela 90° en la orilla del diseño, con la aguja dentro de la tela.

Cómo delinear el acolchado

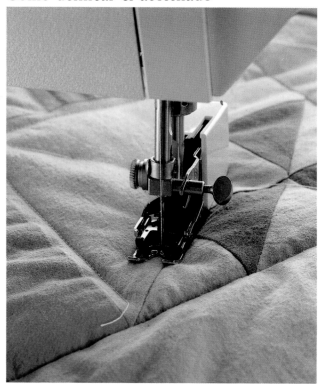

Cosa a 6 mm (¹/₄") de la línea de costura, empezando en una esquina. Para evitar que se formen frunces y pliegues, deslice la tela bajo el prensatelas (página 109).

Cómo hacer el acolchado en la unión de la costura

Haga el acolchado sobre la unión de las costuras para ocultar la costura anterior. Para evitar la formación de pliegues y frunces, deslice la tela bajo el prensatelas, (página 109).

Cómo hacer el acolchado acanalado

1) Cosa a lo largo sobre la línea marcada para el acolchado, en el centro del área que va a acolchar. Haga costuras paralelas, trabajando del centro hacia la derecha.

2) Voltee el acolchado 180°. Cosa líneas paralelas yendo del centro hacia la derecha, hasta completar el acolchado.

Acolchado guiado a mano

El acolchado guiado a mano se hace deslizando a mano el acolchado en la máquina. Puesto que la persona controla el movimiento de la tela, puede coser en cualquier dirección sin girar el acolchado. Esto hace que el acolchado guiado a mano resulte adecuado para diseños con giros marcados y curvas intrincadas, tal como un contorno, un motivo especial o el acolchado de fondo. Conviene practicar antes de coser el acolchado.

Para el acolchado guiado a máquina, ajuste la máquina para puntada recta y utilice una placa del transportador para puntada recta. Cubra la placa del impelente o baje los dientes. Puede utilizar un prensatelas para remendar, si así lo desea, o coser sin prensatelas. Baje el elevador del prensatelas aunque no lo utilice.

El largo de la puntada se determina combinando el movimiento del acolchado y la velocidad de la aguja. Mantenga un ritmo constante y la misma velocidad mientras cose, para que el largo de la puntada sea uniforme.

En el acolchado guiado a mano, se trata de coser todo lo que sea posible sin parar. Vea el diseño general para determinar las líneas continuas de costura (páginas 116 y 117). Posiblemente quiera dibujar en papel el diseño del acolchado y utilizando un lápiz, trazar algunas secuencias de costura.

Acolchado de contorno a) sigue el patrón establecido por los pedazos de los motivos, destacando las líneas del diseño fragmentado.

El acolchado de motivos b) utiliza los elementos de forma y diseño, como corazones y guirnaldas. Por lo general, se trabaja en áreas libres del derecho del acolchado, como cenefas y bloques lisos. Los esténciles para acolchado se consiguen en muchos diseños. Si se trata de pespuntear motivos continuos, será necesario hacer dos costuras en algunas áreas pequeñas, la frisa del relleno generalmente oculta las líneas con costura doble en áreas de menos de 5 cm (2") de largo.

El acolchado de resalte c) y el acolchado punteado d) se utilizan para fondo. Requieren un mínimo de interrupciones y con frecuencia se hacen sin marcar el derecho del acolchado. El acolchado de fondo uniforma la textura de una sección del acolchado.

El acolchado de resalte repite las líneas de un motivo o aplicación y cada hilera de puntadas alrededor del motivo es más amplia.

El acolchado punteado está formado de puntadas al azar y llena el fondo. Se obtiene un aspecto bastante compacto si las puntadas se hacen cerca unas de otras. La densidad de las puntadas debe ser bastante regular en toda el área.

El acolchado combinado e) utiliza un contorno o motivo de acolchado como elemento dominante en los bloques, con un acolchado de fondo en el resto de la superficie. Al combinar diferentes tipos de acolchado, se destaca o enfatiza un área específica del diseño del acolchado.

Cómo trazar el contorno del acolchado

1) Trace un cuadrado y las líneas de acolchado a 6 mm (¹/₄") de las líneas de costura. Conecte las esquinas de las líneas de acolchado para que intersecten a las líneas de costuras.

2) Determine la línea de costura más larga; señale el punto de inicio y trace flechas direccionales en el dibujo.

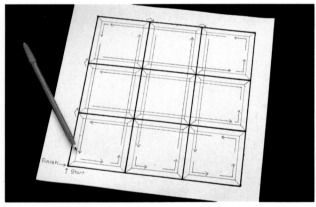

3) Siga marcando flechas direccionales sobre el dibujo y señale el punto final.

4) Señale las líneas de acolchado en el derecho del acolchado. Acomode las capas del acolchado e hilvane (páginas 102 a 105). Cosa por las líneas marcadas, haciendo las costuras dobles diagonalmente donde sea necesario.

Cómo acolchar un motivo solo

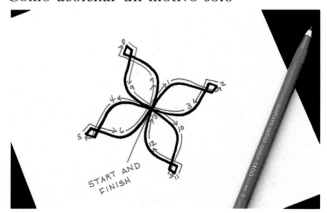

1) Trace el diseño que va a acolchar en papel. Determine la línea continua de costura más grande. Marque el punto inicial, las flechas direccionales y el punto final en el dibujo.

2) Señale el dibujo por el derecho del acolchado. Acomode las capas juntas e hilvane (páginas 102 a 105). Haga las puntadas por las líneas marcadas; asegure las puntadas al principio y final de las líneas de costura cosiendo en un solo lugar.

Cómo acolchar una hilera de motivos relacionados

Trace los dibujos por el derecho del acolchado. Acomode las capas del acolchado e hilvane (página 102 a 105). Acolche la parte del dibujo por encima de donde se unen los motivos, regrese al punto inicial y cosa el dibujo por debajo de los puntos que se conectan.

Otro método. Acolche el primer dibujo y después la parte inferior del segundo motivo y regrese a la parte superior del tercer motivo. Siga de este modo hasta el final. Regrese al punto inicial y complete los motivos.

Cómo resaltar el acolchado

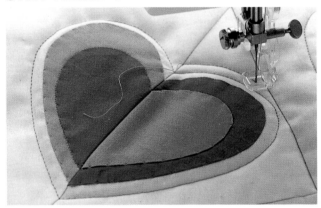

Cosa alrededor del motivo, aproximadamente a 6 mm (¹/₄") de las orillas. Asegure los hilos rematando en un solo lugar. Saque la aguja hasta la posición más alta, levante el prensatelas y mueva la tela 6 mm (¹/₄"). Repita hasta que el diseño del acolchado quede terminado.

Otro método. Cosa un diseño en espiral, espaciando las líneas aproximadamente 6 mm (¹/₄").

Cómo puntear el acolchado

1) Trabaje en secciones pequeñas, del tamaño de una moneda. Cosa líneas al azar, cubriendo uniformemente el fondo.

2) Trabaje de las orillas hacia el centro, cubriendo el fondo uniformemente.

Cómo ribetear un acolchado

Para acabar las orillas de un acolchado, existen dos maneras de hacerlo, si se trata de un ribete simulado (parte superior), doble la tela del forro sobre las orillas de la vista del acolchado. Si es un ribete doble (parte inferior), cosa una tira separada de tela para el ribete.

El ribete simulado es una manera fácil de acabar las orillas de un acolchado ya que aprovecha la tela sobrante del revés que se necesitó durante el hilvanado y acolchado. Seleccione una tela para forro que armonice con la tela de la vista.

El ribete doble se corta al hilo de la tela y tiene dos capas de tela para proporcionar una superficie duradera. El ribete puede armonizar o complementar el derecho del acolchado.

Las instrucciones para el ribete simulado (abajo) y el ribete doble (páginas 120 y 121) sirven para ribetes de 1.3 cm (½").

Cómo ribetear un acolchado con ribete simulado

1) Hilvane a máquina a través de todas las capas del acolchado, a 3 mm (⅛") de las orillas cortadas del derecho del acolchado.

2) Recorte la guata a 6 mm (¼") de la orilla del acolchado, a 1 cm (⅜") de las puntadas de hilvanado.

3) Corte el revés a 2.5 cm (1") de la orilla cortada del relleno.

4) Doble diagonalmente hacia el centro la esquina del revés sobre el relleno y planche la línea del doblez.

5) Doble el revés de modo que la orilla de éste roce la orilla del relleno y planche.

6) Doble el revés sobre la orilla del relleno y del derecho del acolchado, cubriendo la línea de puntadas y prenda con alfileres.

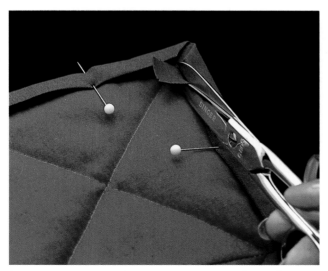

7) Corte un cuadrado de la tela sobrante en cada esquina.

8) Haga un pespunte en la orilla a lo largo del doblez para cerrar. Quite el hilván en el revés del acolchado. Si lo desea, cierre las esquinas con punto deslizado.

Cómo hacer un doble ribete en un acolchado

1) Doble la tela por la mitad a lo largo del hilo de la tela (página 57). Corte tiras de 7.5 cm (3") sobre el hilo transversal de la tela.

2) Prenda las tiras, derecho con derecho, en ángulos rectos; las tiras forman una "V". Cosa diagonalmente a través de las tiras.

3) Recorte las pestañas de costura dejándolas de 6 mm (¼"). Planche la costura abierta. Recorte las puntadas a nivel con las orillas.

4) Mida un lado del acolchado; corte el ribete de este largo aumentando 5 cm (2"). Señale 2.5 cm (1") en cada extremo del ribete y divida la sección entre los alfileres en cuatro partes, marcando con alfileres. Divida el lado del acolchado en cuatro, señalando con alfileres.

5) Doble el ribete por la mitad a lo largo, revés con revés. Ponga el ribete sobre el derecho del acolchado, casando las orillas cortadas y las marcas con alfileres. Sobra 2.5 cm (1") de ribete en cada punta.

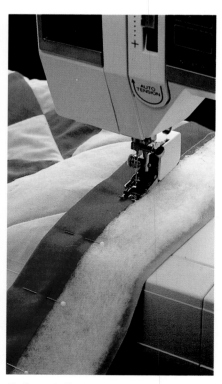

6) Cosa el ribete en el acolchado a 6 mm (¼") de las orillas cortadas del ribete.

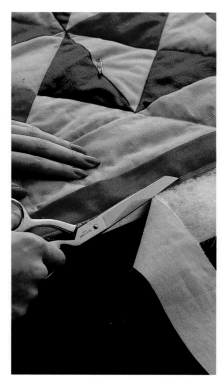

7) Corte el relleno y revés sobrantes dejando 1.3 cm (¹/₂") de la línea de puntadas.

8) Envuelva el ribete alrededor de la orilla del acolchado cubriendo la línea de puntadas que está por el revés del acolchado y prenda.

9) Cosa por el derecho del acolchado sobre las puntadas de unión, lo que sujeta el ribete en el revés del acolchado.

10) Repita los pasos del 4 al 9 para el lado opuesto del acolchado. Recorte los extremos del ribete al ras con la orilla del derecho del acolchado.

11) Repita los pasos del 4 al 7 para los dos lados restantes. Recorte los extremos del ribete para que sobre 1.3 cm (¹/₂") de las orillas del acolchado ya terminadas.

12) Doble el ribete hacia abajo a lo largo de la línea de costura. Doble 1.3 cm (¹/₂") del extremo del ribete sobre la orilla acabada. Planche en su lugar. Envuelva el ribete alrededor de la orilla y cosa sobre las puntadas de unión, como en los pasos 8 y 9. Cierre a mano con punto deslizado.

Limpieza de los acolchados

El cuidado de un acolchado depende de la forma como se use. Si lo hace para colgarlo en la pared, tal vez sólo necesite pasarle la aspiradora o sacudirlo ocasionalmente. Si lo hace para usarlo en la cama, es preciso lavarlo periódicamente. Mientras menos lo maneje, más le durará. Las telas se dañan con facilidad por abrasión y tensión.

El polvo y la mugre erosionan las fibras acortando la duración del acolchado. Se pueden limpiar pasándoles la aspiradora o lavarlos a máquina o a mano. Para las telas lavables no se recomienda el lavado en seco, en particular para los algodones. Los productos químicos que se utilizan en el lavado en seco pueden cambiar los colores al reaccionar con algunos tintes.

Al pasarle la aspiradora al acolchado, lo mantiene limpio y con esto disminuye la necesidad de lavarlo. Se recomienda colocar el acolchado sobre una superficie plana, acojinada y pasarle suavemente la aspiradora utilizando un cepillo para tapicería y succión baja. Para proteger el acolchado del desgaste, coloque una pantalla de fibra de vidrio sobre el acolchado y pase la aspiradora sobre éste.

Lave y seque los acolchados únicamente cuando sea absolutamente necesario ya que el lavado y secado desgastan la tela, en especial cuando se hacen a máquina. Antes de lavar un acolchado, pruebe si todos los colores oscuros y vivos tienen colores firmes (página 45).

Es mejor para la tela lavarla a mano, pero los acolchados hechos con telas y rellenos lavables se pueden lavar y secar a máquina. Ya sea que lo lave a mano o a máquina, debe usar un jabón suave, sin perfumes ni otras sustancias, como jabón lavatrastes. Evite los jabones y detergentes recomendados para lavar lanas finas ya que tienden a amarillar las telas de aldogón.

Disuelva completamente el jabón y llene la máquina o tina con agua tibia antes de sumergir el acolchado. Cerciórese de que hay agua suficiente para cubrir el acolchado, para ayudar a dispersar cualquier tinte sobrante y ayudar en el lavado y enjuaguado. Es importante enjuagar hasta que desaparezca todo el jabón de la tela porque los residuos de jabón cubren las fibras, atraen la mugre y decoloran la tela.

Sea sumamente cuidadosa al manejar el acolchado mojado. El agua lo hace pesar más, de modo que en lugar de tomarlo por una esquina u orilla, cárguelo completo en sus brazos o en una toalla. Acomode el acolchado plano para que seque al aire pero no lo cuelgue. También los puede secar a máquina. El secado en secadora esponja el relleno, aunque el secarlo al aire es menos abrasivo para la tela.

Recomendaciones para lavar y secar acolchados

Lavado y secado a máquina

Use una lavadora grande y un nivel máximo de agua.

Lave con un ciclo para ropa delicada.

Quite el acolchado de la lavadora inmediatamente después de lavarlo ya que las telas mojadas pueden soltar algo de color (sangrar).

Seque con el calor frío o tibio. Ponga una toalla seca en la secadora para acortar el tiempo de secado.

Saque el acolchado de la secadora antes de que seque completamente. Extienda en una superficie plana, sobre una tela limpia, alisando las arrugas y deje que acabe de secarse. No lo planche.

Lavado a mano y secado

Utilice una tina grande para conservar el acolchado lo más plano posible. Use una tina de baño para los acolchados grandes.

Acomode el acolchado plano en la tina o, si es necesario, haga dobleces suaves.

Lávelo suavemente a mano con movimientos de amasado y no lo amontone, ni lo haga girar ni lo retuerza.

Deje salir el agua de la tina y llénela de nuevo con agua limpia, sin levantar el acolchado. Repita el proceso hasta que el jabón desaparezca completamente.

Comprima para sacar el agua restante, presionando el acolchado contra el fondo de la tina, trabajando hacia el drenaje. Seque toda el agua que pueda con toallas o un protector de colchón, para quitar toda el agua posible.

Acomode el acolchado plano sobre sábanas limpias o un protector de colchón y déjelo secar. Si lo seca al aire libre, evite que le dé el sol directamente y cubra el acolchado con una sábana limpia para protegerlo. Si lo seca en el interior, utilice un ventilador para acortar el tiempo de secado.

Cómo guardar los acolchados

La mejor manera de guardar un acolchado es mantenerlo plano en la cama. Los acolchados generalmente se dañan menos con el uso que si están guardados. Las formas más comunes de daño son que se destiñen, se deteriora la tela, se manchan y se les forman arrugas permanentes.

La causa primaria del desteñido es la exposición a la luz. Con el tiempo, la luz también daña la tela, le hace quebradiza y débil.

Los hongos y el moho manchan, así que la humedad a la que se guardan los acolchados debe mantenerse de 45 a 50 por ciento. Las manchas y el deterioro también pueden deberse al contacto con los materiales de almacenamiento, como papel y madera. Con el tiempo, estos materiales liberan productos químicos que destruyen las telas. Se deben conseguir papeles y cajas sin contenido de ácidos.

Las arrugas permanentes se forman por los dobleces y por la presión. Al doblar un acolchado para almacenarlo, las fibras en la orilla doblada se debilitan y pueden romperse. Mientras más marcado sea el doblez, mayor será el daño. Al poner peso sobre el acolchado doblado aumenta el daño. Por lo tanto, si encima los acolchados al guardarlos, de vez en cuando dóblelos de nuevo y cambie el orden en que estaban.

Recomendaciones para guardar los acolchados

Limpie bien los acolchados (página 123) antes de guardarlos.

Guárdelos envueltos en fundas o sábanas de manta o algodón crudo, bien lavadas. También se pueden utilizar los tubos, cajas o papel sin ácido. Los puede encontrar en lugares que vendan materiales para archivo por correo, o en algunas tiendas especializadas en acolchados.

Selle la madera que estará en contacto con los acolchados, ya sea con pintura o barniz de poliuretano.

Evite exponer los acolchados directamente a la luz solar, para que las telas no se decoloren o se vuelvan frágiles.

Evite guardar los acolchados en lugares con mucha humedad, o donde la temperatura fluctúe mucho, como en áticos o sótanos. Seque bien los acolchados si están húmedos.

No guarde los acolchados en bolsas de plástico.

Mantenga los acolchados alejados de fuentes directas de calor, tal como radiadores, registros o luz del sol.

Acolchone los dobleces del acolchado con rollos de papel no ácido o haga los rollos con tela de algodón cruda y lavada, para impedir que se marquen los dobleces. Deje pasar unos cuantos meses y dóblelo de otra manera.

Exhibición de los acolchados

Una manera muy usual de exhibir un acolchado es colgarlo en una pared. Cualquier método que se utilice para colgarlo produce tensión a la tela, pero cuando se le pone una jareta por el revés, el peso se distribuye de manera uniforme.

Al escoger un lugar para exhibirlo, evite la luz directa del sol o la luz artificial constante y brillante. Si lo exhibe en un estante de madera o en un armazón de madera, ponga un lienzo doble de manta cruda lavada entre la madera y el tapiz o selle la madera con pintura o barniz de poliuretano.

Si el acolchado se va a utilizar para cubrir una mesa, tal vez deba proteger el derecho del acolchado con vidrio o plexiglass cortado a la medida. Ventile el acolchado con regularidad para evitar el moho y los hongos. También deberá cambiar ocasionalmente la posición del acolchado para impedir que se le formen arrugas permanentes.

Si dobla los acolchados y los encima para exhibirlos en un estante abierto, acojine los dobleces con manta cruda lavada o con papel sin ácido. Periódicamente cambie la forma de doblar los acolchados para que la tela no se decolore en las líneas de los dobleces.

Cómo colgar un tapiz con una jareta de tela

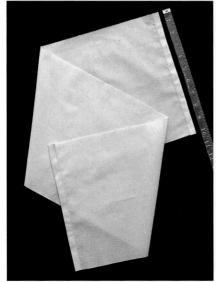

1) Corte una pieza de muselina cruda, lavada de 25.5 cm (10") de ancho, con un largo igual al ancho del acolchado. Hágale dobladillos dobles de 1.3 cm (1/2") en ambos extremos.

2) Cosa la tira a lo largo, derecho con derecho, con una costura de 1.3 cm (1/2"). Planche abiertas las pestañas. Voltéela que quede el derecho hacia afuera, planche plana dentrando la costura por la parte inferior.

3) Prenda la jareta al revés del acolchado. Una la jareta al acolchado con puntada invisible, por la parte superior e inferior de la jareta. Inserte una tablita sellada de madera por la jareta, no entre el acolchado y la jareta.

Índice